小山田圭吾 炎上の「嘘」

TOKYO 2020

東京五輪騒動の知られざる真相

中原一歩
Nakahara Ippo

文藝春秋

小山田圭吾　炎上の「嘘」

東京五輪騒動の知られざる真相

目次 contents

カバー写真
アフロ

装丁・デザイン
征矢 武

DTP
茂呂田剛（エムアンドケイ）

写真
今井知佑

はじめに

いま振り返ってみると、異様な熱気に包まれた夏だった。

三年前の七月の出来事を覚えているだろうか。ある有名ミュージシャンが、日本の音楽シーンの表舞台からこつ然と姿を消した。彼の名を、小山田圭吾（55、取材時）という。

一九六九年生まれの小山田は、和光学園中学時代の同級生である小沢健二らと「フリッパーズ・ギター」を結成。海外のインディーズ・ロックに影響を受けた、当時としては斬新な楽曲で、のちに〝渋谷系〟と称される音楽ジャンルの先駆けとなり、多くの若者の支持を集めた。

一九九一年に解散後、小沢はソロに転身し、小山田はソロプロジェクト「コーネリアス（Cornelius）」としての活動をスタートさせた。自身で演奏するだけではなく、音楽プロデューサーとしても活躍。坂本龍一や高橋幸宏など錚々《そうそう》たるミュージシャンとともに音楽活動に勤しみ、また数々のテレビ番組やＣＭの音楽制作なども手がけてきた。

この本は、その小山田がなぜ、表舞台から姿を消さなければならなかったのかを検証する一冊である。それを明らかにすることは、三年前の日本を取り巻いていた、いま思えば異常とも思える、あの〝空気〟の正体がなんだったのかを検証することにもつながると考えている。


時計の針を、二〇二一年七月十四日まで巻き戻そう。

この年の夏、東京都は一九六四年以来の熱狂に覆われるはずだった。だが、前年から世界各国で蔓延した新型コロナウィルス感染症（COVID-19）は、一向に収束する気配を見せず、延期となっていた「東京2020オリンピック・パラリンピック競技大会」の開催自体も、危ぶまれるほどだった。

一年遅れの開会式まで、あと九日に迫ったこの日。開催国の最大の見せ場である「開会式」の演出を担当するクリエイター陣が、東京オリンピック・パラリンピック競技大会組織委員会（通称・東京2020大会組織委員会）から発表された。

その中には、音楽担当のひとりとして小山田の名前があった。実際は総合演出を担当する小林賢太郎をはじめ、複数の著名なクリエイターの名前が同時に発表されたのだが、なぜか小山田の名前だけがひとり歩きするかっこうで、各メディアの見出しを独占した。

「小山田圭吾 五輪音楽担当に就任」

午後九時頃、組織委員会のホームページで発表されたこのニュースは、新聞やテレビなど大手メディアによってまたたく間に拡散。「Ｙａｈｏｏ！ニュース」のトピックスにも選ばれた。並行して、Ｘ（当時はツイッター）などのＳＮＳも、この話題で持ちきりとなる。なかでも一九九〇年代のポップシーンに影響を受けてきた四十代後半から五十代の世代は、「あの小山田が開会式の音楽を担当するのか」と、期待と感慨を抱いてニュースを受け止めていた印象だった。

しかし——。

その翌日の早朝、Ｘにある奇妙な書き込みが投下された。

「オリパラ開会式の作曲メンバーに選ばれた小山田圭吾さんってどんな人なのかなと思ったら、雑誌のインタビューで障がいがある同級生への壮絶ないじめを武勇伝みたいに語ってる。いじめというより犯罪で読んでて吐きそうになった。こんなの（に）オリパラの作曲させるのか…。」

書いたのは、ある匿名のユーザーだった。過去の書き込みを調べると、コロナ禍での東京五輪開催を決行した、当時の菅義偉内閣や組織委員会への批判が目立つ。いわゆる〝五輪反対派〟のアカウントだった。

このポストが、小山田をめぐる騒動の〝種火〟であった。燻《くすぶ》りだした種火は、燃え広がった。およそ半日で一万人以上のユーザーがリポストし、その日のうちに七千人以上がこの投稿に「いいね」をつける事態に発展したのだ。

やがて、その日の夕方にはXのトレンドに「小山田圭吾」の名前や「いじめ自慢」というワードが常時、表示されるようになる。そして、小山田に関係する投稿のコメント欄は、本人の人格を否定するような無数の罵倒のコメントで埋め尽くされた。インターネット上で、特定の人物に対する批判や誹謗中傷などを含む投稿が集中することを「炎上」と呼ぶが、まさにその状態に陥ったのだ。

七月十五日夜、大手メディアで先んじてこの炎上を記事にしたのが、『毎日新聞デジタル』だった。

「小山田圭吾さん、過去の『いじめ告白』拡散　五輪開会式で楽曲担当」

記事を書いた記者は自身のXで「最初は書いていいのか迷いました。ですが大きな怒りが巻き起こったことは事実として記すべき事案と思います。この怒りや違和感をどう受け止めますか組織委さん」と述べている。矛先は当時、コロナ禍でも五輪開催を強行した組織委員会にも向けられていた。

翌日、朝刊に同内容の記事が掲載されると、これを皮切りに他のメディアも報じるようになる。私はこの日、たまたまこの記事を読んだ友人に、こう言われた。

「小山田ってヤバいんだって。学生時代に障がい者をいじめていたみたいだよ」

私が週刊誌等で記者をするようになって、二十年になる。有名人のスキャンダルには敏感なほうだ。私はその意味で、障がい者の同級生をいじめた過去を持つというミュージシャンにがぜん興味を持った。過去の出来事とはいえ、障がい者をいじめて喜ぶなんて、いったいどんな悪人なのだろうかと。

激化していく炎上

さっそく、小山田の名前で検索すると、あるブログに辿り着いた。タイトルは「孤立無援のブログ」。管理人は匿名で、二〇〇六年から「小山田圭吾における人間の研究」と題し、小山田が過去に障がい者をいじめていたと告白している、雑誌のインタビュー記事の内容が掲載されていた。「小山田圭吾」「いじめ」と検索すると、一番上位に表示されるのがこのブログで、前述の匿名ユーザーが投稿にリンクを貼り付けていたのもこのブログだった。当時の雑誌記事が簡単には手に入らない以上、同ブログの内容が一連の炎上騒動のソースとなっていた。

小山田による〝障がい者いじめ〟の根拠とされていたのは主に、二つの版元から出版された雑誌のインタビュー記事だった。ひとつは『ロッキング・オン・ジャパン』（一九九四年一月号、ロッキング・オン）という音楽雑誌。もうひとつは『クイック・ジャパン』（一九九五年七月二十七日、第三号、太田出版）というサブカルチャー系雑誌だった。私は知り合いの編集者経由で、すぐに雑誌の該当部分のコピーを入手した。

一読して、これは完全にアウトだなと思った。目を疑うような内容が記載されていたからだ。前者の見出しには「全裸でグルグル巻にしてウンコ食わせてバックドロップして」などとあり、後者にいたっては記事のタイトルからして「村上清のいじめ紀行」である（村上は執筆したライター名）。匿名ユーザーが「いじめというより犯罪で読んでて吐きそうになった」と思うのも無理はない。記述を額面どおりに受け取るならば、小山田は被害者やその家族から糾弾されても仕方のない、最低の人物だった。

ただ、調べてゆくうちに意外なことがわかってきた。小山田ファンの界隈では、炎上の約二十年前の時点ですでに、雑誌に掲載された「障がい者いじめ」の話題は噂になっていたのだ。

今回、日本中が反応したのは、いじめの内容もさることながら、小山田が東京五輪の開会式の音楽担当だったからだ。つまり、このような悪質な人物が「いかなる形態の差別にも反対」すると定めた五輪憲章を掲げるオリンピック・パラリンピックの楽曲担当でよいのか、ということだった。ぐうの音も出ないほどの正論だ。

こうして「小山田は開会式の音楽担当を辞任するべきだ」という世論が急速に醸成されてゆく。天国から地獄とはまさにこのことである。開会式の楽曲担当への就任が発表されてから、わずか一夜で、小山田は世間から〝敵認定〟されてしまったのだ。

そんな矢先、渦中の小山田が自身のホームページに「東京2020オリンピック・パラリンピック大会における楽曲制作への参加につきまして」という文書を発表した。七月十六日夕方の出来事だ。

〈過去の雑誌インタビューにおきまして、学生時代のクラスメイトおよび近隣学校

の障がいを持つ方々に対する心ない発言や行為を、当時、反省することなく語っていたことは事実であり、非難されることは当然であると真摯に受け止めております〉

そう記されている一方で、こう綴ってもいた。

〈記事の内容につきましては、発売前の原稿確認ができなかったこともあり、事実と異なる内容も多く記載されておりますが、学生当時、私の発言や行為によってクラスメイトを傷付けたことは間違いなく、その自覚もあったため、自己責任であると感じ、誤った内容や誇張への指摘をせず、当時はそのまま静観するという判断に至っておりました〉

事の経緯や過去の行動に対する反省の弁は述べられているが、文章がところどころ曖昧で、何を謝罪しているのかわかりにくく、決してうまいとは言えない内容だ。ただ、いずれにせよ、これは事実上の「続投宣言」だった。

小山田のこの釈明は、火に油を注ぐ結果となる。炎上は鎮火するどころか、さらに事態を悪化させた。

追い打ちをかけたのが、その翌日の午後三時から行われた、組織委員会の〝小山田留任〟を説明する会見だった。ここに同委員会の橋本聖子会長、武藤敏郎事務総長が出席。留任を表明しつつ、小山田がいじめについて雑誌のインタビューで語っていたことを「知らなかった」（武藤）などと発言し、さらにひんしゅくを買ったのだった。

小山田に対する誹謗中傷は、より過激に先鋭的になってゆく。一部、小山田を擁護するアカウントがX上にもあったが、攻撃の矛先は小山田を擁護する人々にまで向けられた。

小山田が開会式の作曲担当を追いやられるまで、そう時間はかからなかった。七月十九日夕方、小山田が公式サイトで辞任を発表した。「東京２０２０オリンピック・パラリンピック大会における楽曲制作への参加につきまして」と題した公式声明には「関係各所にて調整をさせて頂き、組織委員会の皆様へ辞任の申し出をさせて頂きました」と記されている。就任発表から、わずか五日後の幕引きだった。

これを受けて、小山田が音楽を担当するＮＨＫ Ｅテレの教育番組『デザインあ』をはじめとしたテレビ、ラジオ番組が放送休止を決定。出演予定だった音楽イベント、所属するバンドの新アルバムのリリースもすべてキャンセルとなった。

小山田はすべての仕事を失い、こつ然と表舞台から姿を消した。

「圭吾ってそんなキャラだっけ？」

この、わずか五日間の炎上騒動を横目に見ながら、私はある強烈な違和感を抱いていた。

それは、メディアやＳＮＳ上で拡散されている障がい者いじめの内容が、「本当に事実だったのか？」という点である。

というのも、世間に広まっていた記事の中には、事実誤認が含まれているものもあったからだ。たとえば前述の『毎日新聞デジタル』の報道がそうだ。記事中には次のような記述がある。

〈小山田圭吾さんが過去に雑誌のインタビューで長年にわたって同級生をいじめていたと告白していた〉〈私立小学校から高校で、障がい者とみられる同級生２人をいじめていた〉〈クイック・ジャパンの記事には「この場を借りて謝ります（笑）」との記述もある〉

天気 | 朝刊 | 夕刊 | 紙面ビューアー | オンラインイベント　毎日新聞

トップ | 速報 | 特集 | 連載 | 社会 | 政治 | 経済 | 国際 | スポーツ | 環境・科学 | カルチャー | 暮らし・学び・医療 | 地域

特集　東京オリンピック　＋この特集をフォロー

特集トップ　ニュース　Road to Tokyo　連載・コラム　注目選手　日本代表　日

小山田圭吾さん、過去の「いじめ告白」拡散　五輪開会式で楽曲担当

社会 | スポーツ | カルチャー | 速報 | 東京 | アート・書

毎日新聞 | 2021/7/15 19:59（最終更新 12/22 18:54）　有料記事　English version　659文字

クイック・ジャパン（1995年3号）に掲載された小山田圭吾さんのインタビュー記事＝東京都千代田区で2021年7月15日、北山夏帆撮影

　東京オリンピックの開会式の楽曲を担当する小山田圭吾さんが過去に雑誌のインタビューで長年にわたって同級生をいじめていたと告白していたことを巡り、15日に「いじめ自慢」としてツイッターでトレンド入りするなど「炎上」状態になった。組織委員会が14日に開会式の楽曲を小山田さんが担当すると発表していた。

小山田の「いじめ告白」を報じる『毎日新聞デジタル』。

手に入れた過去の雑誌のインタビューを精読してみたが、「長年にわたって同級生をいじめていた」、「小学校から高校で障がい者をいじめていた」という記述はどこにもない。『クイック・ジャパン』で小山田は小学生時代にはいじめをしていたが、中学生・高校生ではしていないと語っている。「同級生をいじめた」と「長年にわたって同級生をいじめていた」では、常習性のあるなしを含め、読者の印象は大きく異なるだろう。

「この場を借りて謝ります（笑）」という記述に至っては、もともと『ロッキング・オン・ジャパン』に記載されている発言を、『クイック・ジャパン』が引用したものである。この場合、普通は出典を『ロッキング・オン・ジャパン』と明記すべきである。『毎日新聞デジタル』の記事の写真には『クイック・ジャパン』しか写っておらず、『ロッキング・オン・ジャパン』はない。炎上が起こってからすぐに記事を書いたため、原典に当たれたのが、片一方の雑誌だけだったのかもしれない。

また、小山田は先の文書で「事実と異なる内容も多く記載されております」と主張していた。そうであるならば、「何が事実で何が事実ではないのか」という疑問

『ロッキング・オン・ジャパン』『クイック・ジャパン』の表紙。

を小山田に質す、もしくは彼と親しい同級生に取材するなどして、事実関係を確認するのが、メディアとしては、まずするべきことではないか。

ただ、不思議なことに、あの時点で小山田本人や親しい同級生に直接取材をして「いじめ」について証言を得ていたメディアは、ほぼなかったと言っていい。

もちろん反論もあるだろう。当時、小山田の所属事務所は、メディアからの問い合わせに対応していなかったからだ。実際、『毎日新聞』の記者の取材に対しても返事をしていない。この頃、世田谷区にある所属事務所の前には複数のメディアが張り込んでいた。しかし、事務所は門戸を閉ざしたまま、嵐が過ぎ去るのを待つかのように、ひっそりと静まりかえっていた。

私は小山田を知る人物を探そうと、数人の知り合いに連絡を取り、事情を説明した。

「小山田君の中学時代、高校時代の同級生ね。ちょっと待って、すぐに調べてみる」

たまたま小山田の母校・和光のＯＢである知人がいたこともあり、そんな具合に話はトントン拍子で進み、小山田の中学・高校時代の同級生数人にコンタクトをとることができた。ひとりは中学・高校で小山田と同じクラスだった。

「圭吾ですか。もちろん知ってますよ」

その男性の証言によると、和光ＯＢ界隈では、炎上騒動の以前からあの雑誌インタビューは有名で、発売当時も、それ以降も何度も噂になっていたという。

「どんな性格だったのですか？」と尋ねると、彼はこう話した。

「圭吾のことを知っている人間からすると、あの雑誌のインタビューの内容に違和感がありました。『圭吾ってそんなキャラだっけ？』って。ファッションは個性的でバンドばっかりしていました。いつも斜に構えていて、とっつきにくい感じもあった。けれども、学校や社会に反抗するタイプではない。『派手に調子に乗って暴れる』みたいなイメージがないんです」

また別の同級生は、インタビューにあった「『いじめ』という言葉がしっくりこない」と語った。

「小山田君は少し近寄りがたい雰囲気はあったし、クラスの中でも決して明るいキャラじゃなかった。文化祭ではヘビメタをしていたかな、派手なステージを同級生らと披露して、その頃から目立っていました。ただ特定の誰かをターゲットにして、陰湿ないじめをしていたという話は聞いたことがありません」

思い描いていた小山田像が、ぐらりと崩れる瞬間だった。

それ以降も私は、複数人のクラスメイトから話を聞いたが、小山田が「同級生をいじめていた」という決定的な証言を得ることはなかなかできなかった。ただ一方で、雑誌に載っている話は、多くの和光生の知るところとなっていた。別の同級生は「本人に事実を聞けない雰囲気が醸成されていた」と語った。

「結局、『ロッキング・オン・ジャパン』が発売されてからの二十数年間、誰もが小山田君のこの件は触れてはいけないタブーのような扱いをしていました。ただ親しい同級生の間で、この件について事実確認のための取材を受けたという話は聞いたことがありません」（同前）

いったい何が「嘘」で何が真実だったのか——。

小山田は本当に同級生をいじめていたのか。学生時代に何があったのか。そして、これらの雑誌のインタビューはどのように作られたのか。間違っていたのならば、なぜ訂正しなかったのか。私はどうしても小山田に話を聞きたかった。

そこで旧知の音楽関係者を通じて、小山田に手紙を送り、コンタクトを試みた。返事が来たのは、それから一週間ほど経ってからのことだった。

「小山田君が一度、会ってもいいと言ってますよ」（音楽関係者）

そして八月末、私はついに都内で小山田と初めて向き合うことになる。

その後、改めてインタビューを行い、『週刊文春』(二〇二一年九月二十三日号)に、「小山田圭吾 懺悔告白120分『障がい者イジメ、開会式 すべて話します』」という記事を掲載することになったのだった。

第1章

小山田が語った〝真実〟

「マスクはないほうがいいでしょうか」

二〇二一年九月一日の午後。取材場所へと向かうタクシーの背にもたれながら、小糠雨に霞む街を窓からボーッと眺めていた。カーラジオからは、終わったばかりの東京五輪を振り返る特番が流れていた。

この日、私は小山田にインタビューをすることになっていた。指定された場所は、都内にある弁護士事務所だった。

小山田に会うのはこれが二回目だ。取材が実現する少し前、私は短時間であるが本人と面会をしていた。それは、小山田との連絡を仲介してくれた音楽関係者からの提案だった。

彼は小山田に取材依頼の手紙を渡すとともに、すでに私が複数の同級生に会って証言を得ていることを本人に伝えていた。そして、一度、話だけでも聞いてみたらどうですか、と「打ち合わせ」の場をセッティングしてくれたのだ。

打ち合わせでの約束事項は「ＩＣレコーダーは回さない」ということだった。いわゆる「オフレコ」の場だ。また、小山田の事務所のマネージャーのほか、代理人弁護士も同席するという。

指定された場所が、弁護士事務所だったのは意外だった。なぜなら、最初の謝罪文ひとつとっても、危機管理のプロの存在などはまったく感じられなかったからだ。後日確認すると、私たちへの対応のために弁護士に依頼していたのだという。相当、警戒されていたのだ。

私は約束どおり、メモ用紙もＩＣレコーダーも持たず〝丸腰〟で待ち合わせ場所に向かった。最初に小山田の代理人弁護士と名刺を交わし、小山田の現在の状況などについて簡潔な説明を聞いた。間もなくマネージャーが本人を連れてやってきた。

あの小山田圭吾が目の前にいる。少し私も緊張した。

「小山田です。マスクはないほうがいいでしょうか」

それが最初に発した言葉だった。なぜ彼がマスクに言及したのかというと、取材本番だと勘違いしていて、写真を撮影すると思っていたからだ。もし、私が同じ状況に置かれていたら、取材する相手の記者を気遣う余裕などないだろう。

取材慣れしているのか。律儀な人物なのか。単に無防備な天然キャラなのか。つかみどころがない人物。これが小山田の第一印象だった。

「着けたままでけっこうですよ。今日は取材ではありませんので」

そう返すと、小山田は小さく頷《うなず》いて、いったん外したマスクを着けた。私はひとおり自己紹介をした後、単刀直入に「『週刊文春』の取材を受けていただけますか」と尋ねた。事前に『週刊文春』の担当者に話は付けてあった。だが彼が、即答することはなかった。

本人より、同席したマネージャーのほうが険しい顔だった。危機管理上、再び矢面に立つようなことは控えたほうがいいのでは、と思っていたのだろう。

というのも、小山田が開会式の音楽担当の辞任を表明し、すべての仕事を失って事実上の謹慎状態に追いやられているにもかかわらず、彼へのバッシングは増える一方だったのだ。打ち合わせは、私が一方的に話す形で終わった。だがその後、一週間ほどして、正式にインタビューを了承する旨が、音楽関係者を通して伝えられたのだった。

インタビューの当日、弁護士事務所に到着すると、先日の打ち合わせにも同席していた弁護士に迎えられた。小部屋に通され、事前に、取材に臨む本人の様子などの説明を受けた。

芸能人やミュージシャンに雇われた弁護士は、やや上から目線で高圧的な態度を

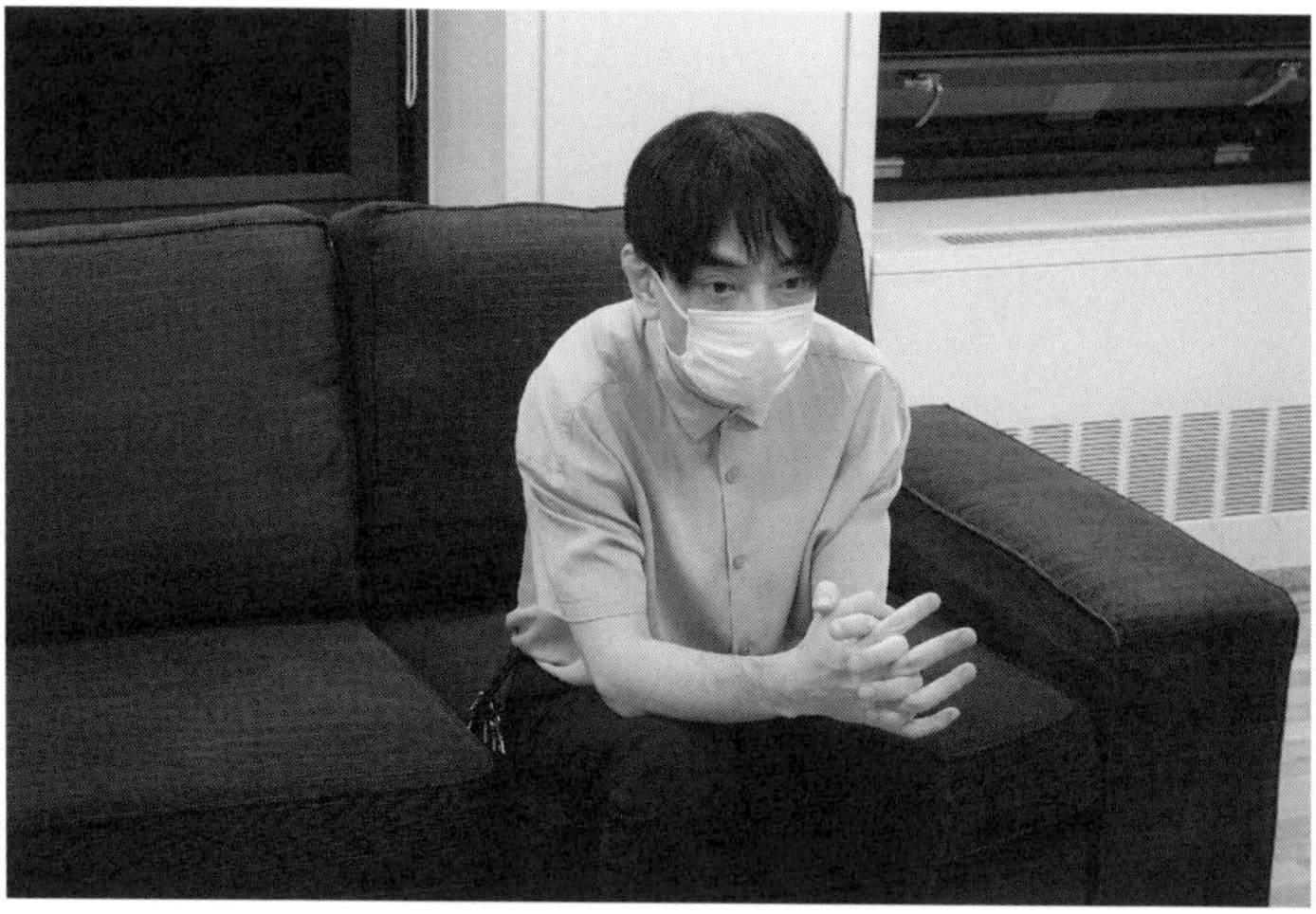

『週刊文春』の取材を受ける小山田。心なしかやつれた顔に硬い表情が浮かぶ。

取る者も多い。なかには「お手柔らかにお願いしますよ」と妙に下手に出て、こちらを懐柔しようとする人間もいる。その点、小山田の男性弁護士は淡々としていて、「小山田は緊張していますが、どうぞ存分にやってください」と、特段、「この質問はNG」などと、事前に釘を刺されることもなかった。

実際にインタビューが行われる部屋は、その小部屋よりもずっと大きく、五、六人が向かい合って座ることができるソファーがあった。私と『週刊文春』の編集者の二人が先に入ると、ほどなくして小山田が小走りでやってきた。

「小山田です。よろしくお願い致します」

あいかわらず、礼儀正しい振る舞いだった。

この日の出で立ちは、黒のパンツにグレーの半袖シャツ。小山田は雑誌のグラビア撮影などでは、必ずと言っていいほど、鍔《つば》のついたドレスハットや白い毛糸の帽子を深々と被るのがスタイルだ、と音楽関係者からは聞かされていた。だが事実上の謹慎中だったからなのか、極めておとなしい格好だった。

ソファーの前の机の上には、あの『ロッキング・オン・ジャパン』『クイック・ジャパン』が置かれている。『週刊文春』の編集者が持参したのだ。いずれの雑誌も、表紙は本人の写真である。二十七年前の自分と目が合う。しかし、自らそれを手にとって、中身を確認しようとはしなかった。わずかではあったが、重たい時間が流れる。

沈黙を破ったのは小山田だった。

「知人に、自分の過去の記事をPDFにしてくれている方がいるのですが、今回の件があってから、その人に連絡を取りました。そしてこの雑誌とか、その時期の『ロッキング・オン・ジャパン』など、いくつか送っていただいたので、見られる状態にはあるんです。でも、現物に関しては僕の手元にはない状態なんです」

『ロッキング・オン・ジャパン』の表紙の小山田は二十四歳。端整な顔立ちで、まだ少年のようなあどけなさも残っている。いまはさすがに年相応の風貌になっているが、それでもくっきりとした二重の瞼《まぶた》と、相手の心を見透かすような、大きな瞳だけはまったく変わらない。

ただ、その瞳に生気は感じられなかった。

二誌で語っていた〝いじめ〟とは

ここで、小山田が過去に雑誌で語っていた〝いじめ〟について整理しておきたい。

代表的なのは、二誌だ。

一誌目は音楽雑誌『ロッキング・オン・ジャパン』（一九九四年一月号）である。この号では、巻頭から四十四ページにわたって、コーネリアスの特集が組まれている。特集タイトルは「血と汗と涙のコーネリアス！　誰も見たことのなかった小山田圭吾を一挙公開」。その中に「小山田圭吾、生い立ちを語る2000字インタヴュー」があり、インタビュアーの山崎洋一郎編集長（現「ロッキング・オン」代表取締役社長）の質問に答える形で、和光中学時代のエピソードを語っているのである。

〈「あとやっぱうちはいじめがほんとすごかったなあ」

――でも、いじめた方だって言ってたじゃん。

「うん、いじめてた。けっこう今考えるとほんとすっごいヒドいことをしてたわ。この場を借りてお詫びします（笑）。だって、けっこうほんとキツいことしてたよ」

――やっちゃいけないことを。

「うん。もう人の道に反してること。だってもうほんとに全裸にしてグルグルに紐を巻いてオナニーさしてさ。ウンコを喰わしたりさ。ウンコ喰わした上にバックドロップしたりさ」〉

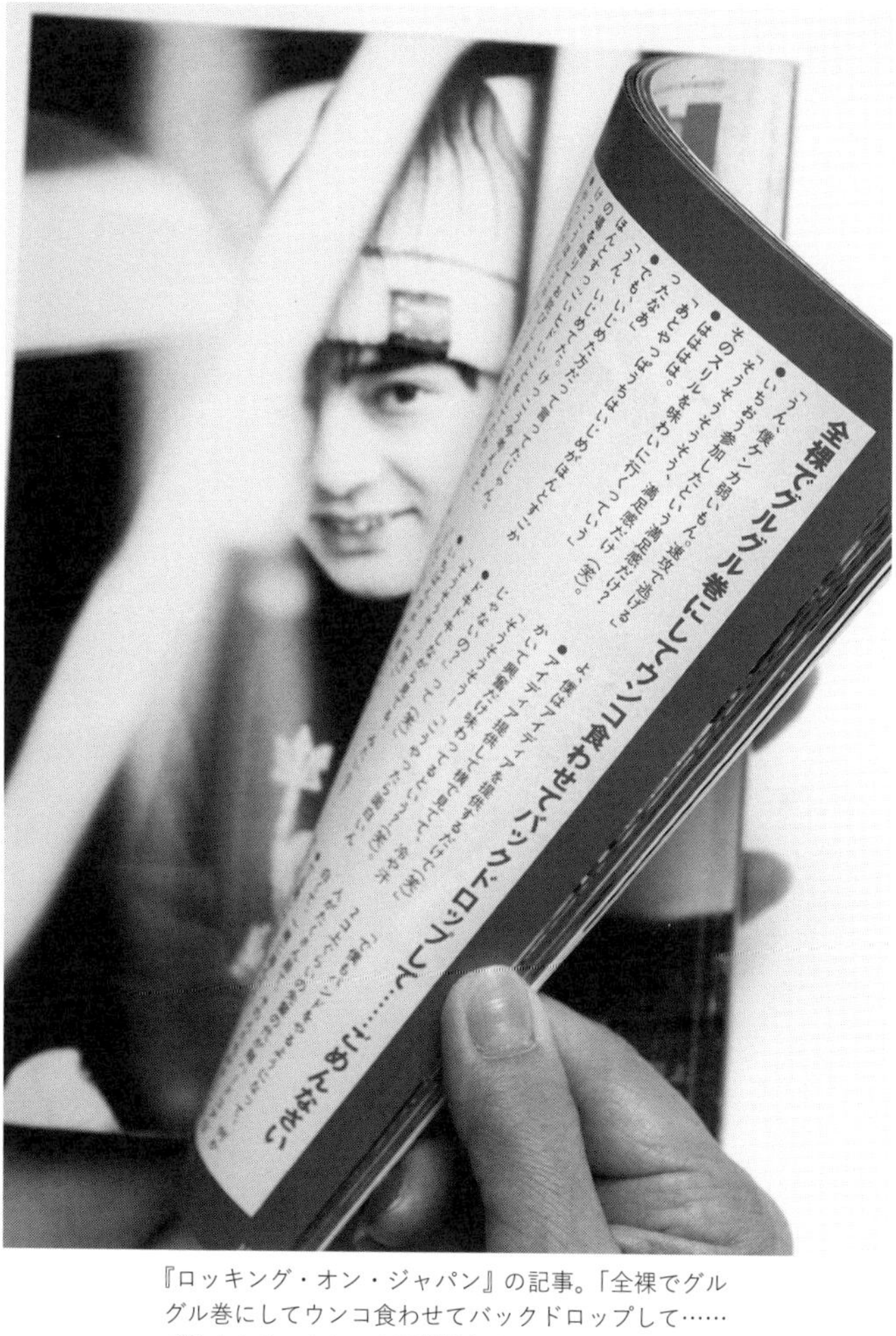

『ロッキング・オン・ジャパン』の記事。「全裸でグルグル巻にしてウンコ食わせてバックドロップして……ごめんなさい」という衝撃的なキャッチが躍る。

このページの見出しには、大きく太い文字で「全裸でグルグル巻にしてウンコ食わせてバックドロップして……ごめんなさい」とも打たれている。かなりのインパクトだ。

ただ『ロッキング・オン・ジャパン』では、被害者の名前も出ず、誰がやったかの主語も不明瞭で障がい者いじめについての発言はいっさいない。

このインタビューから一年半後に出たのが、サブカルチャー系雑誌『クイック・ジャパン』（一九九五年、第三号）である。記事のタイトルはその名も「村上清のいじめ紀行」。新人ライターの村上清（現「太田出版」書籍編集部編集長）が考えた企画の、第一回目のゲストとして小山田は登場したのだった。記事全体で二十二ページもある。

この企画は当時、ミニコミ誌の編集をしていた村上が、「いじめた側の人がその後どんな大人になったか」「いじめられた側の人がその後どうやっていじめを切り抜けて生き残ったのか」をテーマに、いじめの加害者が被害者に会いにいくという設定である。村上は「僕自身は学生時代は傍観者で、人がいじめられるのを笑って

『クイック・ジャパン』「いじめ紀行」の記事。

見ていた。短期間だがいじめられたことはあるから、いじめられっ子に感情移入する事は出来る」と記事の中で告白していた。

村上は『ロッキング・オン・ジャパン』の記事を覚えており、ぜひ小山田と被害者に対談してもらいたいと思い立つ。そこで小山田に手紙で取材を依頼。事務所の反応はよくなかった。それでも編集者とともに事務所に押しかけ、出てきた小山田本人から「沢田」、「村田」（どちらも仮名）という、当時いじめられていたという二人との学生生活を聞き出した。

障がいを持っていたのはこの沢田君という同級生だ。彼に対して小山田は次のようないじめをしたと語っている。

〈段ボール箱とかがあって、そん中に沢田を入れて、全部グルグルにガムテープで縛って、空気穴みたいなの開けて（笑）〉

同級生の村田君にはこんないじめをしたと語っている。

〈掃除ロッカーの中に入れて、ふたを下にして倒すと出られないんですよ〉

村上はこの二人に接触を試みたが、企画を了承してもらうことができなかった。

結果、小山田のインタビューだけが掲載されることになる。

「全裸でグルグル巻」は本当なのか？

『ロッキング・オン・ジャパン』も『クイック・ジャパン』も、いじめの内容はもちろん、話をしている文脈も違う。ただ、これらの記事の内容が事実だったとすれば、とても〝学生時代の冗談〟ではすまされないような悪行と言えるだろう。

これを踏まえたうえで、私がインタビューで小山田に尋ねたい点は、大きく分けて二つあった。

ひとつ目は、小山田が声明文で「事実と異なる内容も多く記載されております」と表明しているが、「どの部分が事実で、どの部分が事実でない」のかをはっきりさせること。

二つ目は「なぜ事実でない話が記載されるようなことが起きたのか」だ。小山田がインタビューで嘘をついたのか、雑誌側が盛ってしまったのか。また記事の中で仮に事実と異なる部分があれば、その後、訂正をしていればすんでいたかもしれない。それを小山田はしたのか否か、だ。

最初に聞いたのは、『ロッキング・オン・ジャパン』の見出しになった部分である。

——単刀直入に聞きます。同級生を「全裸でグルグル巻にしてウンコ食わせてバックドロップ」したのは事実なのでしょうか？

小山田は「たぶんその話が一番、拡散されてしまっているんですよね」と小声で呟《つぶや》きながら、それでも、はっきりと「それは事実ではないんです」と断言した。

「中学生の頃に修学旅行があって、その宿泊先での出来事だったんです」

小山田の説明によると、修学旅行で次のようなことがあったという。

自由時間に小山田は、宿泊先の自分たちの部屋で同級生五、六人とプロレスごっこをして遊んでいた。当時、プロレスが流行しており、その影響だった。最初はじゃれ合って、仲間同士で互いに「ブレーンバスター！」などと言って、技をかけ合ったりしていた。とても盛り上がり、この時点では、特定の人物を「いじめる」ような意図はなかったという。

その時、留年して同じクラスになっていた元上級生が入ってきた。このひとつ年上の彼も同室で、自然に「オレも仲間に入れろよ」となり、ここから空気が一変する。同級生とはいえ、元上級生である。他のメンバーたちは何もモノが言えない雰囲気になった。この元上級生が、ひとりの同級生を裸にしたり、紐で縛って「オナニーしろ」と言ったりしていた。

小山田も同じ部屋の友人たちも、怖くなって、傍観するしかなかった。行きすぎた酷い状況に引いてしまって、誰も止めることができなかったということらしい。

つまり、「グルグル巻」にしていたのは小山田本人ではなく、同級生でひとつ年上のこの先輩だというのだ。

じつは『クイック・ジャパン』には、この一連の話が詳細に描かれている。

〈(筆者注・プロレス技をかけている時に)なんか先輩が現われちゃって。(中略)洗濯紐でグルグル縛りに入っちゃってさ。素っ裸にしてさ。そいでなんか『オナニーしろ』とか言っちゃって〉

では、実際に「ウンコを食わせた」という事実はあったのかを聞くと、

「排泄物については別の話が混ざっています。もちろん食べさせたこともありません。中学生ではなく、小学生の時なのですが、落ちている物を、なんでも口に入れたがる同級生がいたんです。彼が枯葉や蟻んこを食べて追いかけてくるから、皆でからかっていた時期がありました。その彼が下校をしている時に、道に落ちていた

犬の糞を口に入れて、ぺっと吐き出したことがあった。それを見て皆で笑ったという話をしたんです」

――では、自分で手を下したわけではないということでしょうか？

「僕が強要したり、行わせたわけではありません」

つまり、『ロッキング・オン・ジャパン』の見出しは「小学生」と「中学生」という時代の違う出来事、しかも本人がやったわけでもない話を、編集部がひとつの見出しの中に入れてしまっているという。

にわかには信じがたい話だった。

小山田は声明文の中で〈記事の内容につきましては、発売前の原稿確認ができなかったこともあり〉と記している。たしかに『ロッキング・オン・ジャパン』は、インタビューの内容を、アーティストにチェックさせない媒体として、当時から有名だった。しかもインタビュー内容ならチェックさせる媒体もあるが、見出しについては見せないことも多い。あとは編集部の判断と責任に委ねられている。

ただ、内容に問題があるのであれば、出版社にその旨を伝えなかったのだろうか。

――発売後に雑誌を目にした時、もし、事実と違うことが書かれていたのであれば、驚いたことでしょう。そのうえ、内容が内容だけに、抗議し、訂正を申し入れることをしなかったのでしょうか？

「『ロッキング・オン・ジャパン』では原稿の内容を事前にチェックできませんでした。そういう約束で引き受けた僕も悪いのですが、事実と違うことを見出しにされ、まるで全部自分がやったことのように書かれていて、当時、すごく違和感を覚えました。ショックを受けました。後日、ライターの方（山崎）に会った時、その違和感は伝えたと思うのですが、実際に訂正を要求することはしなかったです」

取材の後で、小山田は記事を書いた山崎とトークイベントに出演している。その時のやり取りが、ミニコミ誌『ＳＰＹＳ ｖｏｌ．２』（94年 ＳＰＲＩＮＧ）に残っている。小山田は「あの日の僕は、どうかしてた」「読んでもいいけど、あんまり信じないように（笑）」と語っている。

では、違和感があったのならば、なぜその翌年、『クイック・ジャパン』の取材を受けたのか。疑問が残る。それについて小山田はこう答えた。

「ライターの方（村上）に当初、『イジメた相手との対談を』という依頼をされたのですが、最初は受けるべきではないと判断して断ったんです。でも何回か『協力してくれないか』とお願いされて、引き受けてしまったんです。間違って広まってしまった記事を修正したいという気持ちもあったと思います」

実際にした行為はどれなのか

終始、小山田は冷静な対応だった。特段、弁護士や事務所のマネージャーにSOSを求めるわけでもなく、手元にカンペがあるわけでもなかった。緊張のせいか、ところどころ言葉を噛んだりはすることがあったものの、自分の言葉で考えて話している様子が窺えた。

では、小山田が実際に自分で行った行為は、雑誌の中で語られているうちの、どれなのだろうか。

その相手は、『クイック・ジャパン』に登場する沢田君である。

沢田君との出会いは小学二年生の時のこと。転校生だったそうだが、彼の登場に、学校中が衝撃を受けたと書かれている。

〈転校してきて自己紹介とかするじゃないですか、もういきなり（言語障害っぽい口調で）『サワダです』とか言ってさ、『うわ、すごい！』ってなるじゃないですか。で、転校してきた初日に、ウンコしたんだ。なんか学校でウンコするとかいうのは小学生にとってはは重罪だっていうのはあるじゃないですか？　で、いきなり初日にウンコするんだけどさ、便所に行く途中にズボンが落ちてるんですよ、なんか一個（笑）。そんでそれを辿って行くと、その先にパンツが落ちてるんですよ。で、最終的に辿って行くと、トイレのドアが開けっ放しで、下半身素っ裸の沢田がウンコしてたんだ（笑）〉（『クイック・ジャパン』）

この話はいかにも小学生らしいエピソードだと思う。私も小学生時代に同級生にトイレ、とくに大便をしにいく場面を目撃されるのが嫌で仕方なかった。この年頃の男の子は自分も日常的にするはずなのに、他人がしにいこうとすると、なぜかはしゃぐ子が多い。それが集団にもなれば、さらにエスカレートする。

それに輪をかけて、キャラクターが濃くて、突出していると、学年では誰もが知っている有名人に祭り上げられる。

〈とりあえず興味あるから、まあ色々トライして、話してみたりするんだけども、やっぱ会話とか通じなかったりとかするんですよ。おまけにこいつは、体がでかいんですよ。それで癇癪持ちっていうか、凶暴性があって……牛乳瓶とか持ち出して

さ、追っかけて来たりとかするんですよ。で、みんな『怖いな』って〉（同前）

キャラの立った同級生を、皆がおもしろがって、イジっていただろうことは、容易に想像がつく。しかし、雑誌ではこれらの証言は、あくまで目撃したことであり、小山田がやったことではないとも書かれている。

小学五年の時、クラスも違う沢田君と小山田が、土曜日に行われる「太鼓クラブ」というあまり人気のないクラブの同じグループになった。小山田が数あるクラブ活動の中から太鼓クラブを選んだ理由は、「踊るのがヤ」で、「踊らなくていいようにするには、太鼓叩くしかなかった」と回想している。

こうして小山田は、沢田君と、土曜日の数時間、同じグループで太鼓を叩くことになった。そこで小山田が「同級生をいじめている」として、バッシングの対象となったという逸話がある。記事にはその様子が克明に記されている。

〈段ボール箱とかがあって、そん中に沢田を入れて、全部グルグルにガムテープで縛って、空気穴みたいなの開けて（笑）、『おい、沢田、大丈夫か？』とか言うと、『ダイジョブ…』とか言ってんの（笑）。そこに黒板消しとかで、『毒ガス攻撃だ！』ってパタパタってやって、しばらく放っといたりして、時間経ってくると、何にも反応しなくなったりとかして（中略）本人は楽しんではいないと思うんだけど、でも、そんなに嫌がってなかったんだけど。ゴロゴロ転がしたりしたら、『ヤメロヨー』とか言ったけど〉（同前）

同級生を何かに閉じ込めていたずらをするのが、小山田たちの間で流行っていたらしい。中学時代、村田君にも似たようなことをしていた描写が、『クイック・ジャパン』の後半に登場する。

〈段ボールの中に閉じ込めることの進化形で、掃除ロッカーの中に入れて、ふたを下にして倒すと出られないんですよ。そいつなんかはすぐ泣くからさ、『アア〜！』とか言ってガンガンとかいってやるの（笑）。そうするとうるさいからさ、みんなでロッカーをガンガンガン蹴飛ばすんですよ。それはでも、小学校の時の実験精神が生かされてて。密室ものとして。あと黒板消しはやっぱ必需品として〉（同前）

これらは事実なのか。そう聞くと小山田は、こう反省の弁を述べた。

「はい、自分がやった記憶があります。中学生の時に、ロッカーに同級生を閉じ込めて蹴飛ばしたこと。そして小学生の頃に、知的障がいを持った同級生に対して、段ボールの中に入れて、黒板消しの粉を振りかけてしまったことがあったのは事実です。相手の二人には、本当に申し訳ないと思っています」

ただ、障がいを抱えていた沢田君については、こう付け加えた。

「沢田君とは、高校に入ってから自分の席が隣だったりしたことがあって、比較的、よく話す関係になったんです。こういうふうに言ってしまうと、一方的な考えと思われるかもしれませんが、自分もそんなにクラスで話す人がいなかったりして、彼とは比較的話す関係性で、自分としては友人になれたとずーっと思っていたんです」

太鼓クラブでも一緒の時間を過ごしていた沢田君とは、その後、友人になれたというのだ。じつは二誌に先立ち、『月刊カドカワ』（一九九一年九月号）のインタビューの中にも、この沢田君と見られる人物が、「K」として登場する。ここでは「いじめた相手」としてではなく、学生時代の友人との思い出のひとつとして語られる。

和光小学校二年生の時に転校してきたK。高校に入って、特に仲がよくなったとして、こんなエピソードを披露している。

『クイック・ジャパン』「いじめ紀行」記事では、
沢田君との関係が小山田の言葉で語られる。

〈クラスにいるときは、Kとしか話さなかった。Kって特技がひとつだけあって、学校の全員の名簿を暗記してるの。バスの中で一緒になったとき、「あいつの住所は？」ってきくとペラペラペラペラって出てくるの。見たこともない下級生や上級生の電話番号とか兄弟もわかってる。で、高校になるとみんな色気づいて下敷きの中にアイドルの写真とか入れてくるじゃん。Kも突然入れてきた。何かなと思って見たら、石川さゆりだった。「好きなの」って言ったら、「うん」〉（『月刊カドカワ』）

また『クイック・ジャパン』では、沢田君の母と本人も少しだけ登場して、ライターの村上の質問に答えている。そこで母は「小山田君とは、仲良くやってたと思ってました」と言い、本人は村上の小山田と仲が良かったかという問いに「ウン」と語っている。

記事の最後、小山田はこんなエピソードも語っていた。

〈卒業式の日に、一応沢田にはサヨナラの挨拶はしたんですけどね、個人的に（笑）。そんな別に沢田にサヨナラの挨拶をする奴なんていないんだけどさ。僕は一応付き合いが長かったから、『おまえ、どうすんの？』とか言ったらなんか『ボランティアをやりたい』とか言ってて（笑）。『おまえ、ボランティアされる側だろ』とか言って（笑）。でも『なりたい』とか言って。『へー』とかって言ってたんだけど。高校生の時に、いい話なんですけど〉（『クイック・ジャパン』）

インタビューの終盤、私は小山田の目を見据えて、少し語気を強めてこう質問した。

――沢田君が今、目の前にいたとして、小山田さんは彼が「友人」だと、本人の前で言えますか？


小山田は即答した。

「はい。できます」

そして、こう続けた。

「自分が雑誌でおもしろおかしく語ってしまったことは、本当に申し訳ないと思います。間接的にですが二次被害も与えてしまっているわけですから。今さら友人と言っていいのかなという思いもある。今、自分が親になって、自分の子どもがそういうふうに語られていることを想像したら……。ご家族や、同じような経験をしてこられた方が、雑誌で語られることで、どんな思いをされるのか。当時はそんなことも想像できなかったのです。本当に恥ずべきことだと思っています」

小山田はなぜ音楽担当を引き受けたのか

ここでいったん、小山田の主張をまとめてみたい。

彼をバッシングしていた人々が論拠にしていた、『ロッキング・オン・ジャパン』の記事。このもっともセンセーショナルに扱われた「全裸でグルグル巻にしてウンコ食わせてバックドロップして」という見出しは、小学時代と中学時代の話が混ぜられたものだったという。

たしかに雑誌で語られている話は、誰が誰をいじめたのかが曖昧な内容でもあった。そして小山田はいじめが行われていた現場にはいたが、実際にいじめ行為を行ったのは、ひとつ年齢が上の同級生だったなど、やったことでもない内容も含まれていると小山田は語った。

それについて、小山田はインタビュアーの山崎と出たトークショーで、やんわりとではあるが文句も言っている。

その一年半後に発売された『クイック・ジャパン』での記述で、小山田が認めたいじめ行為は二つある。沢田君を段ボールに閉じ込め、黒板消しをパンパンやって振りかけたこと。村田君をロッカーに閉じ込め、外から友人たちとロッカーを蹴ったことだ。小山田は、今では本当に申し訳ないことをしたと、深く反省していると話している。ただ、沢田君については、「友人関係にあった」とも語った。

そこで小山田が取材中に否定した点については、改めて他の関係者たちにも会って、裏取り取材をする必要があるだろうと私は思った。そのためには、まずは、当時のいじめの現場を知る和光の同級生を見つけ出すことだ。できれば現在の小山田と利害関係のない人間が望ましい。そして、なぜあのような雑誌のインタビューがなされてしまったのか、雑誌や音楽関係者にあたって、聞いてみなければならない。

また、彼の話を聞いていて、さらなる疑問も湧き出てきた。そもそも、なぜ小山田は東京五輪の開会式の音楽担当を引き受けたのだろうか。もし、引き受けなければ、三年前の夏に炎上し、バッシングを受けることはなかっただろう。

私はこう小山田に訊ねた。あの「空白の五日間」に何が起こったのですか、と。

以来、私は何度も小山田に会って、話を聞くことになる。

第2章

空白の五日間のはじまり

漠然とした恐怖が現実となった日

二〇二一年七月十五日、午前十一時過ぎ。小山田は慌ただしく外出の準備をしていた。自身が参加しているバンド「METAFIVE」のライブの開催が、七月二十六日に迫っており、午後一時から都内のスタジオで、初めてのリハーサルが予定されていたのだ。METAFIVEは、『イエロー・マジック・オーケストラ(YMO)』の高橋幸宏(二〇二三年死去)を中心に、二〇一四年に結成された六人組。小山田はギターを担当していた。

小山田は極端に朝に弱い性分で、完全な夜型人間だった。いつも会社兼仕事場のスタジオに顔を出すのは午後三時過ぎ。低血圧で、正午頃に目を覚ました後、ゆっくりと風呂に浸かってから活動を開始する。つまりこの日は、小山田にとっては普段よりも早い出発だったため、時間に追われていたのだ。

家を出ようと玄関のドアノブに手をかけた、その時だった。二十歳の長男・米呂が背中越しにこう声をかけてきた。米呂は今、父と同じくミュージシャンとして活動している。

「ネットですごい炎上しているよ。大丈夫？」

「えっ？」

息子の思いがけないひと言に、小山田は一瞬たじろいだ。小山田にとって、二誌のインタビューは喉に刺さって取れない棘《とげ》のようなものだった。言葉にできない不安に襲われた。小山田が語る。

「いつかこの日が来るんじゃないかという、漠然とした恐怖があったのは事実です。けれども、まさかオリンピック開会式の音楽担当を引き受けたことが、そのきっかけになるとは、夢にも思っていませんでした」

小山田は日頃から生活ツールとして、ＳＮＳを利用していた。Ｘのタイムラインに流れてくる情報、そしてニュースは、日々の貴重な情報源のひとつだった。コーネリアスのインスタグラムの写真は、ほとんど小山田が撮影してアップしている。この時も時間に余裕があれば、その場でスマホを取り出して、何が起きているのか状況を確認したはずだ。しかし、大切なリハーサルの初日だ。息子には「後で確認する」とだけ答え、家を出た。

「行ってきます」

そう言って、自身が運転する車で、新大久保にあるリハーサルスタジオへ急いだ。

都心へと向かう環状線は渋滞していた。一年延期された東京五輪開会式まで二週間を切っていたが、街にその熱気や興奮は感じられなかった。

それもそのはずだ。この時、東京都は新型コロナウィルスの感染が拡大し、四回目となる「緊急事態宣言」が発令されていた。道行く人は全員、マスクで顔を覆っている。カーラジオからは、新型コロナウィルスが今のペースで増加すれば、感染者数は五輪開会式には、これまでの最多を記録するだろうというニュースが流れている。都内の病院では感染者数の急増で医療崩壊が進み、患者やその家族はもちろんのこと、医療従事者からのSOSの叫び声がさかんにSNSに投稿されていた。

「本当にオリンピックは開催されるのか。いや、開催してよいのだろうか」

多くの人が、こう感じていたのは確かだろう。『朝日新聞』の世論調査では、夏の五輪開催に「反対」の意見が五五%と、「賛成」の三三%を大きく上回った（七月十七、十八日実施）。週末になると、五輪開催に反対するデモも、各地で起こっていた。

ただ、菅義偉首相（当時）はあくまで、「安心・安全の大会を実現していく」との姿勢を崩さない。諦めと不安がない交ぜになった重い空気が、日本中を覆っていた。車のハンドルを握る小山田の脳裏には、出がけに息子が発した「炎上」という不気味な二文字が、染みついて離れなかった。

小沢健二と組んでいたフリッパーズ・ギターの解散後、コーネリアスとしてソロ活動を開始した小山田は、今日までスリー・ディー株式会社という音楽事務所に身を置いている。所属アーティストは小山田やカヒミ・カリィなど計六人。社長の岡一郎は、フリッパーズ・ギターが最初にレコード会社と契約した際、外部のレコーディングディレクターだった人物で、それ以来、三十数年の付き合いになる。

従業員数は岡を入れてわずか三人。有名アーティストを数多く抱えているアミューズやエイベックスなどの大手事務所とは、規模も業界への影響力も、月とスッポンほどの大差がある。ただ、家族経営同然の事務所だったからこそ、小山田も〝売れるための音楽〟とは無縁の、創作活動を貫くことができていた。

一九九七年に入社した高橋努が異変に気がついたのは、十五日の朝八時頃だった。高橋は小山田のマネージャーを務めており、のちに『週刊文春』のインタビュー取材に立ち会ったのも高橋だった。

不吉な伏線もあった。この前日夜、大会組織委員会は「東京2020オリンピック・パラリンピック競技大会」の開会式を担当するメンバーを発表した。メンバーは「プロデューステーム」と「クリエイティブチーム」で構成されていて、前者の指示に従って後者が、具体的な開会式の運営を担当することになった。

クリエイティブチームを束ねる「Show Director」には、かつてお笑いコンビ「ラーメンズ」のメンバーとしても活動した、劇作家・演出家の小林賢太郎が就任した。小林を筆頭に椎名林檎、安室奈美恵などのMVを手がける映像作家の児玉裕一、九州新幹線全線開業『祝！九州』のCMなどで知られるCMディレクターの田中嗣久、小林と映像ユニット『NAMIKIBASHI』を組む映像作家の小島淳二など、錚々たるクリエイターが名を連ねていた。

ところが、蓋を開けてみると、話題の中心は小山田だった。メディアは「小山田圭吾 五輪音楽担当に就任」などと見出しを打った。これがすべての始まりだった。高橋は不意を突かれ、朝からXのタイムラインで、小山田の名前を追うことに忙しかった。高橋が語る。


「皆さんいずれもクリエイティブの世界で大活躍されている方ですが、一般的な知名度は小山田のほうが高かったのかもしれません。それで小山田がメインで音楽担当をしているかのような見出しで書かれてしまったんです。まったくそうではないのに……。嫌な予感がして、Xのタイムラインで『小山田圭吾』『コーネリアス』

などの名前で検索しているうちに、あの投稿を発見し、それがすごい勢いで拡散されていることに気がついたのです」

それが前述の、十五日の早朝、Xに「いじめというより犯罪で読んでて吐きそうになった」と書き込まれた匿名ユーザーの投稿だった。

その瞬間、胸がざわついた。すぐに社長の岡にその事実を報告すると、岡もすでに事態を把握していた。ただ、炎上はしているものの、岡もまさか手がつけられない状態にはならないだろうと、楽観視していた。予定どおり、二人はリハーサル用の機材を車に積み込んでスタジオへと向かった。到着して間もなく、小山田がやってきた。岡は声をかけた。

「炎上しているみたいね？　例の件なんだって？」

「そうらしいです」

岡の言葉に小山田が小さく頷いた。三人は黙ったまま顔を見合わせた。じつは過去にも、あの雑誌のインタビューが問題になったことがあった。つまり、この事態は三人にとって、必ずしも青天の霹靂ではなかったのだ。

過去にも問題視されていたいじめ記事

『ロッキング・オン・ジャパン』、『クイック・ジャパン』のインタビューを発端とした、「小山田圭吾が同級生・障がい者をいじめていた」という疑惑。これは、小山田が東京五輪開会式の音楽担当を引き受けるはるか以前から、インターネット上で噂になっていた。

雑誌の発売から八年近く経った二〇〇三年。インターネット上の匿名掲示板「5ちゃんねる」（当時は「2ちゃんねる」）に、「コーネリアススレ」が登場した。「コーネリアススレ」とは、「コーネリアスの話題を取り上げる場所（スレッド）」のことだ。立ち上げたのは小山田の熱狂的なファンだった。やがて、このスレはニューアルバムの発売情報や、自分が好きな楽曲の感想などを共有する場所として、ファン同士の交流の舞台となった。

二〇〇三年十月。このスレに『ロッキング・オン・ジャパン』のインタビューのいじめが記述された部分が、何者かによって貼り付けられた。ただし、原文と照らし合わせると、細部に不正確な表記や言い回しも散見された。書き込む際に、間違って書き写したのだろう。以後、この書き込みはコーネリアスに関する新しいスレが登場するたびに、コピペされて幾度となく出現した。

ただ、あくまでインタビューの一部を書き写したものであり、雑誌記事そのものではない。それゆえ、現物ほどのインパクトはなく、そもそも「小山田が過去に同級生をいじめていた」と断定するには情報が足りなかった。ファンの間では、単なるコーネリアスアンチの嫌がらせだと思われていた節もある。

小山田の纏っているミステリアスな雰囲気も相まって、ファンの間ではコーネリアスをめぐる「噂」のひとつとして定着していったが、それもコアなファンの間での話。それ以上、このいじめの話題が広まることもなかった。


再び、このコーネリアススレがざわついたのは、二〇〇四年六月のこと。当時、世間を騒がせた陰湿ないじめ事件が、ワイドショーなどテレビで話題になったことが発端だった。

「蕨市女子中学生いじめ自殺事件」

六月三日、埼玉県蕨市の中学二年生の女子生徒が、自宅マンションから飛び降り自殺をした。放課後の部活動で、複数の部員たちがある女子生徒に罰ゲームを強制したのがきっかけだった。女子生徒は自殺の前日、部室で四人の部員とゲームをしていた。そこでゲームに勝った部員が指名した男子生徒に、「好きだ」と告白する罰ゲームを強要された。自室に残されたノートに書き記してあった「遺書」によると、部活動の最中に「ゴキブリ」「うざい」などの暴言を浴びせられていたという。友人に何度か相談していたことも発覚した。

この蕨市の事件と小山田の過去の雑誌インタビューが結びつけられて、「小山田」「糞」「いじめ」「コーネリアス」などと題されたスレが乱立したのだ。この現象は〝小山田祭り〟と呼ばれた。これをきっかけに、小山田の名前が、あるサイトで取り上げられることになる。現在、更新は止まっているが、そのホームページ自体は存在する。

そこには一九八〇年代から二〇一四年までに発生した凶悪ないじめ事件や殺人事件の犯人と思われる、当時未成年だった加害者の名前がずらりと並んでいる。このホームページに小山田の名前が掲載された端緒は、誰かのタレコミだったようだ。二〇〇四年七月二十二日。管理人はこう綴っている。

「某ロックミュージシャンが、少年時代の悪行を得意げに雑誌で語っているとの情報をいただきました。／詳細を調べた上､事実が判明したら糾弾したいと思います」

その約三カ月後、『ロッキング・オン・ジャパン』のインタビューの一部を引用しながら、小山田圭吾を「全裸緊縛強制食糞ミュージシャン」と断罪。小山田の名前が「足立区女子高生監禁コンクリート詰め殺人犯」や「神戸連続児童殺人犯 酒鬼薔薇聖斗」と同列に晒されることになる。ホームページの更新はほぼ停止しているが、小山田の名前と顔写真は、今も晒されたままになっている。

このホームページに掲載されたことで、一部のコーネリアスファンしか知りえなかった「噂」が、サブカルを好む人々の間で少しずつ広まっていった。翌年、5ちゃんねるだけではなく、ファンが運営する非公式サイトの掲示板にも、小山田に対する攻撃的な書き込みがなされるようになる。結果、この非公式サイトは閉鎖に追い込まれる。

そして二〇〇六年十一月のこと。「電気熊はアンドロイドの夢を見るか?」というう「楽天ブログ」に、「小山田圭吾における人間の研究」と題した文章が掲載される。二〇〇九年に同ブログは「はてなダイアリー」(のちに「はてなブログ」)に移動し、「孤立無援のブログ」と名付けられ、「小山田圭吾における人間の研究」も転載される。これが後に東京五輪での炎上騒動の際の、批判の根拠のひとつとなった。だが、同ブログは、引用文が5ちゃんねるからの不正確なコピペであること、沢田君との友人としての交流については言及せず、小山田が「いじめをした」と語っている部分ばかりを引用するなど問題点も多い。それについては批評家・片岡大右の『小山田圭吾の「いじめ」はいかにつくられたか　現代の災い「インフォデミック」を考える』（集英社新書）に詳しい。

ただ、この時点ではネット上で沸き起こった〝小山田祭り〟が現実社会に飛び火し、メディアで取り上げられることもなければ、音楽業界で広く噂になることもなかったという。あくまでネット上での局地的な現象に過ぎなかった。だから、小山田も事務所のスタッフも、雑誌のインタビュー記事が話題になっていることなど、まったく把握していなかった。

二〇一一年に本放送が始まった、「こどもたちにデザインのおもしろさを伝える」をコンセプトにしたNHK Eテレの教育番組『デザインあ』。小山田はこの番組の音楽担当のクリエイターに選ばれた。全体の構成をグラフィックデザイナーの佐藤卓が担当し、映像監修はウェブデザイナーの中村勇吾。二人ともデザイナーとして数々の賞を受賞し、『プロフェッショナル 仕事の流儀』（NHK）に取り上げられたこともある。番組制作に携わったことで、小山田はクリエイターとしても広く、世間に認知されることとなった。

この『デザインあ』の放送が始まり、半年ぐらいが経った頃のこと。小山田のマネージャーの高橋のもとに、番組ディレクターから一通のメールが届いたのだ。

「こんなものが視聴者から届いているのですが、どういうことでしょうか？」

送られてきたメールには、「過去にこんないじめをしている人が、NHKの番組に関わっていいのか」などと書かれてあり、「孤立無援のブログ」のURLが添付されていた。高橋はそれを読むなり、ショックでその場に突っ伏してしまった。

「初めてだったんです。まったく知りませんでした。気持ちが悪くなってとても最後まで読めなくて……」

今でもその瞬間を思い出すと、胸が締め付けられる……と高橋は語る。NHKの担当者に事情を説明しに行かなければならない。すぐに小山田に問い質した。

「これ、どういうこと。たいへんな内容だよ」

小山田は困った顔をして黙り込んでしまった。この時、高橋は自分を必死で律することで精一杯だった。

「あのインタビューを見せられた時、書かれているいじめを本当に小山田がやったのだと疑わなかったのです。雑誌が嘘を書くなんて思っていませんでしたから。怒りというか、悔しさというか、裏切られた気持ちでした。けれどもそれと同時に、何度考えても、あのインタビューに答えている小山田は、私が知っている小山田ではないのです」

一九九七年入社の高橋は、半年後から小山田の担当となった。しかし、あのインタビュー記事を見たことはもちろん、噂を聞いたこともなかったという。雑誌が発売されたのが高橋の入社前の一九九四年と一九九五年。その後は事務所内でも特段、話題になる機会がなかったからだった。

この時、高橋は小山田の口から事情を聞いた。詳しくは後述するが、発売前に原稿確認ができなかったため、事実でないことがインタビューに多数含まれていること、同級生に排泄物を食べさせたり、自慰行為をさせたりはしていないということだった。

そこで高橋はこの内容を番組担当者に伝えて、迷惑をかけたことを謝罪した。NHKからも小山田に対するお咎《とが》めはなく、番組クリエイターを続投。二〇一七年にももう一度、視聴者からの問い合わせはあったが、こちらも大きな問題になることはなかった。

ついに始まった小山田への攻撃

話を二〇二一年七月十五日の午後に戻そう。METAFIVEのリハーサルが始まった午後一時の段階では、炎上はしていたものの、大手メディアが取り上げる気配はなかった。事実、事務所にメディアから問い合わせが殺到している、などといったような状態ではなかった。この時点では高橋もまだ、気持ちに余裕があったと振り返る。

「リハーサルの冒頭、小山田がメンバーに『お騒がせしてすみません』と謝罪しました。そのうえで当時、何があったのか説明をさせました。バンドのメンバーからは、励ましの言葉をいただいていた。間もなくリハーサルが始まりました。いつもと変わらない風景でした」

METAFIVEの関係者のひとりも、その時の小山田はいつもどおり飄々《ひょうひょう》とギターを携えて現れ、リハーサルもいつもどおり始まったと証言する。

「時間どおりにやってきて、いつものように雑談をしていました。その後、炎上騒動のことを全員の前で説明したのですが、第一声は『ご迷惑をおかけして申し訳ございません』でした。それより、リハーサルの初日だったこともあり、小山田さんを含む全員が、目の前のことに集中していたと思います。あんな大騒動になるとは、誰も思っていませんでしたから」

　午後一時に始まったリハーサルは、休憩を挟みつつ、午後六時まで行われた。周囲の目には、いつもの小山田と変わらず映っていた。だが本人は、「リハーサルの最初から、すでに心ここにあらずの状態だった」と回想する。

「いったい、どうなるんだろうという気持ちは常に心の片隅にありました。だからこそ、集中しよう、集中しようと、そういう気持ちでギターを鳴らしていました。現場はちゃんとやらないといけない。言い訳にはできない。そんな気持ちが、先行していたと思います」

　一度リハーサル室に入ってしまえば、外の世界とは完全に遮断されてしまう。SNSやニュースサイトを見ることはできない。

　リハーサルが始まったのを見届けた高橋は、すぐに仕事の関係先に連絡をとった。先回りして事情を説明しておいたほうがよいと考えたのだ。実際、ほとんどの取引先が、この段階では、「小山田さんは大丈夫ですか」と、本人を労《いたわ》ってくれていた。高橋もひとまず、胸をなで下ろした。

ただこのリハーサルの五時間で、坂道を転げ落ちるように、事態は悪化の一途をたどった。

夕方、緊張が走った。五輪開会式のクリエイティブチームの担当者が、高橋に電話をかけてきたのだった。高橋は一呼吸置いてから電話に出た。

「小山田さん、ネットでちょっと燃えていますね……大丈夫ですか？」

電話の口調は落ち着いていて、むしろ小山田の状況を案じる内容だった。この時点で、七月二十三日の開会式まであと八日。高橋は「直前にもかかわらず、小山田のことで組織委員会にも迷惑をかける結果となり、申し訳ありません」と謝罪した。

そして高橋は、当時、小山田がなぜあの雑誌インタビューに答えてしまったのか。具体的にどんな内容のインタビューだったのか。なぜ今になって炎上したのかなど、自分が知りうる事実を包み隠さず、正直に伝えた。事務局関係者は小山田の置かれた状況を理解し、熱心に話を聞いてくれたという。

この時、高橋は勢いあまって、胸の内を切り出していた。

「こういう場合、どう対応したらよいのでしょうか。やはりコメントとか出したほうがいいのでしょうか？」

情けない話だと、高橋は振り返る。というのも、フリッパーズ・ギター時代からあの時まで、小山田はスキャンダルらしいスキャンダルに、一度も遭遇したことがなかったのだ。とにかく音楽を作ることだけに専念してきた。それゆえ危機管理に精通している人間は、事務所の内にも外にも見当たらなかった。

高橋自身も初めての経験だった。SNSで所属アーティストが炎上した際、何をどうすればよいのか、誰に相談すればよいのか、見当すらつかなかった。本来であれば、こういう時にこそ、マネージャーの力量が問われる。だが、小山田にどう声をかけ、どう励ませばいいのか、正直、わからなかったという。電話口の事務局関係者が言った。

「そうですね。できればご本人がいいのですが、それが書けないのであれば、事務所からでもいいので、何かしらの発表をしたほうがいいですね。そう、声明文とか」

セイメイブン――。高橋は呆然とした。まさか自分の人生で、声明文を書く日が来るなどとは思わなかったからだ。

この頃、事態はまたひとつ、新たなステージへ登っていた。Xのトレンド欄に「小山田圭吾」「いじめ自慢」が常時、表示されるようになったのだ。急転したのは、先述の『毎日新聞デジタル』の報道だった。これをきっかけに先鋭的、攻撃的な投稿が増えた。事務所の代表メールには、見知らぬ人物からの抗議が、次々に寄せられた。

「非常に腹立たしい　常識にかけている　謝罪して辞退しろ」

「あなたの、人間の尊厳を貶《おとし》める行為に吐き気を催します。オリンピックの名誉のために、どうか辞退してください」

「あなたが関与するという事実だけで、開会式を見ることができません。オリンピックは世界の人々が見ます」

なかには、被害者に謝罪しに行けというメールもあった。

「ちゃんと謝罪に行ってください。そして、それが実際に行われたことを紙一枚ではなく、写真撮影して公表すべきです。紙一枚で発表しても信憑性に欠けます」

これらはすべて、実名で書かれたものだった。

この日の夜を、高橋は忘れることができないという。住宅街に佇む一軒家の、物音ひとつしない部屋で、高橋は声明文を書くためにパソコンに向かった。

しかし、そもそも何を書けばいいのか。まったく見当がつかない。パソコンで「声明文」と検索してみても、当たり前だがテンプレートなど存在しない。「お騒がせして申し訳ありません」のひと言と、「一部事実とは違う部分がある」などしか書けず、その日は終わった。

家族への釈明と徹夜で書いた声明文

十六日の午前中。小山田、高橋、岡の三人は、今後の対応を協議するため、事務所に顔を揃えた。重い空気の漂う会議だった。

この日、『毎日新聞』朝刊の紙面には、デジタル版と同じ記事が掲載されていた。また、『日刊スポーツ』は、『クイック・ジャパン』から、より具体的にいじめが描写された部分を抜き出して記事を配信。タイトルは「みんなでプロレス技かけちゃって／小山田圭吾氏の障がい者いじめ告白」だった。

その矢先に、事務所のインターホンが鳴った。

「『朝日新聞』ですけど、話題になっている過去のいじめ発言の件について、小山田さんにお話を伺いたいのですが……」

すでに事務所の代表メールに、ワイドショーなどから取材の問い合わせは来ていた。だがメディアにインターホンを押されたのは初めてだった。その場に緊張が走った。

玄関先で対応したのは岡だった。今日の午後、なんらかの文書を出す旨を伝え、ひとまず、引き上げてもらった。とうとうここまできたか。高橋は、対応を急ぐべきだと考えた。

「やっぱり、事務所として声明文を出したほうがいいと思います。このまま何も発信しなければ、さらに事態がよくない方向に向かうと思います」

そう言って、作りかけの声明文案を取り出すと、小山田がこう呟いた。

「僕も書いてきたんだ」

取り出した紙には、びっしりと謝罪と釈明の文章が綴られていた。

前日の夜は、小山田の家族にとっても、忘れることができない長い一夜だった。リハーサルを終え、自宅に帰ってきた小山田は、自分が置かれた状況を家族からの報告で知ることになる。しかし、時間が経っても炎上は止まるどころか、すさまじい勢いで拡大し続けていた。どうすれば止めることができるのか。どうすれば、どうすれば……。小山田の心は乱れた。

追い打ちをかけたのは、知人の中にも、小山田を批判するポストがあったことだ。

理由は「開会式の音楽担当という形で、五輪に関わった」からだ。コロナ禍での東京五輪開催に関しては、世論が割れていた。小山田の周囲には、どちらかというと、東京五輪開催に反対の立場の人が多かった。いじめ問題よりも、東京五輪に関わったことへの批判も噴出していたのだった。小山田が言う。

「小山田君にはがっかりした、五輪に音楽担当で関わるなんてダサい、むかつくとか書かれていました。知人からも言われて、暗い気持ちになってしまいました」

その一方で、知人が小山田を擁護するあまり、Xに過激な書き込みをして、逆に炎上。バッシングの対象となる「負の連鎖」も始まっていた。親しい人が巻き込まれ、ネット上で火だるまになっていく姿を見るのは、自分のこと以上に辛かったという。攻撃の対象には、息子の米呂も含まれていた。

「仕事をしていても、状況をとりあえず把握しようとして、小山田がXとかニュースなどを気にしてしまうんですよ。でも、もう本人には見せたくなかった。どんどん状況が悪くなってゆくのを見て、なんとかしないといけないと思いました」（高橋）

そこで、XなどSNSの世界に飛び交う誹謗中傷から本人を遠ざけるため、小山田についてのニュースは家族が本人のかわりに確認し、本人に伝える。また、何か対応する必要がある時は、家族が高橋に連絡する、というルールを作った。

家族にとっても試練の日になった。小山田のパートナーは胸の内をこう明かした。

「家族の誰ひとり、あの雑誌を見たこともないし、本当に何が起きたのか、事実はなんなのか、わからなかったんです。もちろん、この話を本人と話題にしたこともありませんでした。何が本当で、何が嘘なのか。もちろん、インタビューに書かれているようなことはしていない、何か事情があったのだろうとは思いました」

夜、小山田は家族の前で、何があったのかを話した。雑誌の現物は手元になかったが、友人に連絡してコピーを入手した。家族は実際の記事を初めて目にすることになった。話し合いはじつに四時間にも及んだ。

この時、小山田のパートナーは、頭がクラクラしたと振り返る。

「当時の小山田が何でこんなことをしゃべったのか。雑誌はなぜ載せたのか。それを事務所はなぜ抗議も訂正もしなかったのか。これに関わっている人の対応が、自分の感覚では考えられなくて、聞けば聞くほど混乱してしまいました」

彼女が胸をなで下ろすことができたのは、小山田本人の口からいきさつを聞き、見出しに書かれているようなことは「やっていない」と、断言してくれたからだという。ただし、これだけのバッシングの嵐の中で、一回、謝罪をして説明したところで、この炎上は収まらないだろうなとも思った。

日付はとっくに変わり、朝四時頃になっていた。東の空が少し白みかけていた。家族に見守られながら、小山田はパソコンに向かった。何が事実で何が事実でないのか。そして、東京五輪に関わった経緯も、なるべくわかりやすく書くことを心がけた。正直に書けば理解してもらえるとは思っていなかったが、これが自分にできる精一杯のことだった。

完成した時、すでに時計の針は午前八時を指していた。ほぼ一睡もせずに書いた声明文は、次のような文章だった。

東京2020オリンピック・パラリンピック大会における楽曲制作への参加につきまして

この度は、東京2020オリンピック・パラリンピック大会における楽曲制作への私の参加につきまして、多くの方々を大変不快なお気持ちにさせることとなり、誠に申し訳ございません。心よりお詫び申し上げます。ご指摘頂いております通り、過去の雑誌インタビューにおきまして、学生時代のクラスメイトおよび近隣学校の障がいを持つ方々に対する心ない発言や行為を、当時、反省することなく語っていたことは事実であり、非難されることは当然であると真摯に受け止めております。私の発言や行為によって傷付けてしまったクラスメイトやその親御さんには心から申し訳なく、本来は楽しい思い出を作るはずである学校生活において、良い友人にならず、それどころか傷付ける立場になってしまったことに、深い後悔と責任を感じております。

学生時代、そしてインタビュー当時の私は、被害者である方々の気持ちを想像することができない、非常に未熟な人間であったと思います。記事の内容につきましては、発売前の原稿確認ができなかったこともあり、事実と異なる内容も多く記載されておりますが、学生当時、私の発言や行為によってクラスメイトを傷付けたことは間違いなく、その自覚もあったため、自己責任であると感じ、誤った内容や誇張への指摘をせず、当時はそのまま静観するという判断に至っておりました。

また、そういった過去の言動に対して、自分自身でも長らく罪悪感を抱えていたにも関《かか》わらず、これまで自らの言葉で経緯の説明や謝罪をしてこなかったことにつきましても、とても愚かな自己保身であったと思います。それにより、当時のクラスメイトだけでなく、学生時代に辛い体験をされた方々やそのご家族、応援してくださるファンの方々に対しても、不誠実な態度を取り続けることになってしまいました。本当に申し訳ありません。

学生当時、私が傷付けてしまったご本人に対しましては、大変今更ではありますが、連絡を取れる手段を探し、受け入れてもらえるのであれば、直接謝罪をしたいと思っております。今回、私が東京2020オリンピック・パラリンピック大会に携わることにつきまして、否定的なご意見を頂くのは尤《もっと》もであると思います。また、このコロナ禍において、国民の皆様が不安を抱えるなかでの大会開催に関与することへの疑問のご意見も頂戴しております。

本来であれば、様々な理由から、私の参加にご不快になられる方がいらっしゃることを考慮し、依頼を辞退すべきだったのかもしれません。しかし、課題も多く困難な状況のなか、開会式を少しでも良いものにしようと奮闘されていらっしゃるクリエイターの方々の覚悟と不安の両方をお伺いし、熟考した結果、自分の音楽が何か少しでもお力になれるのであればという思いから、ご依頼を受けるに至りました。

そのうえで、今回の音楽制作にあたりましては、自分なりに精一杯取り組んで参りました。それは、私だけではなく、他のクリエイターの方々も同様であると思います。故に、私の関与により、開会式へ不快な印象を与えてしまうことを心から申し訳なく思います。この度、様々なご指摘を頂いたことで、あらためて、自分自身の在り方について振り返り、反省と再考をさせて頂く機会を得ました。それにつきましては、ご意見をくださった皆様に、感謝すべきことだと感じております。私が傷付けてしまったクラスメイトご本人へはもちろんのこと、長年の私の不誠実な態度により、不信感や不快感を与えてきてしまったファンの皆様や友人たち、関係者の皆様に、心からお詫び申し上げます。

一人の人間として、また、音楽家としてどう在るべきか、自分は世の中や周囲の人々に対して、どういったかたちで貢献していくことができるのか、常に自問自答し、より最善の判断をしていけるよう、一層の努力をして参りたいと思います。

小山田圭吾 2021年7月16日

十六日の十八時ごろ、小山田のオフィシャルホームページとXに、この文章がアップされた。ホームページにアップしたのは高橋だったが、Xに上げたのは小山田本人だった。この後、どのような展開になるのか。そんな予測をする余裕は、まるでなかった。

結果的には、小山田が続投を表明したことで『毎日新聞』以外の大手メディアも、この声明文を引用する形で、炎上騒動をこぞって取り上げた。また、タレントでジャーナリストのモーリー・ロバートソンが自身のXに、雑誌のインタビュー記事を要約した内容を英文でポスト。小山田のインタビュー記事が海外にも広まるきっかけとなった。炎上のステージはさらに上がった。

当の小山田は、この日もリハーサルのため、午後一時にはスタジオに入った。昨日に比べると、小山田は口数が少なく、明らかに沈んでいたという。

ホテルでの逃亡生活と殺害予告

炎上は本人以外にも影響を与え始めていた。リハーサルの最中、家族からあるメールが入る。

「週刊誌の記者らしい人が来て手紙を置いていった。今も家の前にいるみたい」

週刊誌だけではない。新聞やテレビなど複数のメディアが、直接、小山田に話を聞きたいと、事務所や自宅の周囲を張っていた。どうやって自宅の住所を知りえたのか。そんなことは知るよしもなかった。本来であればメディアの質問には真摯に答えるのが筋だということはわかっていたが、今、大勢のメディアを相手に、記者会見などをする気力は、小山田には残っていなかった。

「今日はホテルに泊まる」

家族にそう伝えて、この日は都内のビジネスホテルに身を寄せた。ただし、予約をするにも、本名は使えない。パートナーの名義でチェックインし、ホテルのフロントでも顔を隠した。コロナ禍でマスクをつけざるをえなかったことが、不幸中の幸いだった。冷静に考えると、小山田の顔を世間のどれだけの人々が知っていただろうか。しかし小山田や関係者には、周囲のなにげない視線がこれほど冷たく、恐ろしく感じられたことはなかった。食事はホテルの近くのファストフードでテイクアウトした。着替えや生活用品は、友人たちが自宅に取りにいってくれた。たしかに自宅の周囲には記者がいたという。

「まるで逃亡犯のようだね」

移動の途中で小山田が家族にそう呟いた。昨晩から小山田は、ほぼ一睡もできていなかった。薄暗い、ビジネスホテルのワンルームで朝を迎える。

十六日の夕方には、決定的な出来事が起こった。今度は岡のケータイが鳴った。見知らぬ番号だった。

「玉川警察署の者ですけど……」

警察から直接電話が来るとは何事かと思った。話を聞くと、ネットの掲示板に「殺害予告」と、「会社に放火する」という書き込みがあったので、しばらくの間、自宅と会社の周囲の見回りを強化します、とのことだった。どうやらファンが見つけて、警察に通報したのだという。岡は「わかりました」と冷静に電話を切ったものの、狼狽は隠せなかった。

高橋がリハーサルの現場を引き上げ、会社に戻ったのは午後九時。周囲には不審な人物や、メディアの気配はなかった。人目をはばかるようにして部屋に入る。殺害予告の直後だったので、電気はつけずにリビングへと向かった。

突然、普段は鳴ることのない固定電話のベルが鳴った。怖くて取ることができない。すると、その直後、また電話が鳴った。よく見ると、暗闇の中に留守番電話を知らせるボタンが点滅していた。恐る恐る再生ボタンを押した時だった。

「もう、それが男性だったのか、女性だったのか、若い人なのか、年配なのか。まったく覚えていないのですが、とにかく『死ね』『消えろ』『殺す』と、脅迫の電話だったんです。それが何件も連続して録音されていました。とても全部を聞くことはできませんでした」（高橋）

真っ暗闇の中で言い放たれる、殺意のある言葉たち。小山田に責任がまったくないわけではない。けれどもこのような集中砲火を受けねばならぬ理由があるのだろうか。それから数週間、暗闇の中での生活が続いた。止まることのない電話、留守番電話のメッセージ。さすがに耐えきれなくなり、岡は会社の電話線を抜いた。「死ね」と書かれたハガキが束で届いたこともある。

こんな出来事もあった。深夜に玄関のチャイムが鳴ったのだ。一回だけでなく、二回、三回、四回と続く。たまたま岡と高橋が事務所にいた時だった。まるで二人がいることを見透かしているように、チャイムは鳴り続ける。岡が言う。

「殺害予告のこともあったので、身の危険を感じたのですが、十分ぐらい経っても鳴り止まないので、これはおかしいと思って意を決して、『はい、何かご用でしょうか』とドア越しに応答したのです」

相手は巡回中の警察官だった。数時間おきに会社と小山田の自宅の周囲を、交代で警戒しているのだという。後日、ポストには「付近一帯をパトロールしました」という黄色い紙が入っているのを発見した。「殺す」などと書かれたハガキも山のように入っていた。ネットには有象無象の悪意ある罵声が書きこまれる。テレビではコメンテーターを名乗る芸能人が「小山田は犯罪者」と断罪していた。

十七日はあるアーティストのプロデュース曲の制作をするため、小山田はホテルからスタジオに向かった。作業しながら、「きっとこの曲は世には出ないのだろう」と思いながらも曲は完成させた。家族から、週刊誌の記者がやってきて質問状を置いていったと連絡が入る。結局、帰宅することは叶わなかった。

「ホテルにいる時は、ずっとベッドで横になっていました。とても表に出る気持ちにはなれなかったのですが、スタジオに行って音楽を作っている時は気が紛れる。何もしないでいるより、ずっと落ち着きました。十八日の日曜日は仕事がオフだったので、あれこれ考えてしまっていました」

小山田は考えていた。事実でないことが含まれていようとも、過去に雑誌のインタビューでいじめについて語ってしまったのは、自分の責任だ。「一刻も早く、開会式の音楽担当を辞任しろ」という意見が出るのも仕方ない。

もし、自分が降りることで騒動が収まるならそうしたかった。しかし、簡単には辞められない事情があった。

第3章

五輪降板

開会式本番二カ月前の依頼

東京五輪開会式の演出を担当するクリエイター陣が発表されてから三日。小山田は精神的に追い詰められていた。

そもそも小山田はどのような経緯で、この仕事を引き受けたのだろうか。

彼に東京五輪の開会式の音楽担当の話が来たのは、二〇二一年五月のこと。葉桜が目に美しい季節だった。事の始まりは、五輪開会式のクリエイティブメンバーを務めていた友人のひとり、映像作家の辻川幸一郎からの電話だった。ここで小山田は、ある相談を持ちかけられた。

「なるほど、開会式のオープニング映像に、音をつけてくれる人を探しているってことね……」

小山田は電話口で相槌を打ちながらも、自分にはまったく縁のない仕事だろうと思っていた。何せ小山田は五輪だけでなく、スポーツ全般にまったく興味がなかったからだ。ひと通り経緯を説明し終えた辻川は、突然、こう切り出した。

「会議の中で、音楽を小山田君に依頼できないかという話になったんだけど、可能かな?」

「えっ!」

普段から感情をあまり表に出さないマイペースな小山田も、これには驚いた。しかし、当の辻川は「僕が映像の演出をするうえで、もっとも相性がよくて信頼できるのは小山田君だろう。この期間でクオリティーを担保するには、小山田君の力が必要だ」と思っていたという。

じつはこの時、世界的なイベントとしては、ありえないような事態が起こっていた。この電話の時点で開会式本番まであと二カ月を切っていたからである。

「呪われたオリンピックってね、マスコミの好きそうな言葉でしょう、これ。だけど現実はそうですよ」

新型コロナウイルスの感染拡大で、東京五輪開催への懸念が高まるなかで、参院財政金融委員会でこう発言したのは、麻生太郎財務相(当時)である。

当時、東京五輪の関係者に話を聞くたびに、申し合わせたように「呪われた五輪」という言葉が飛び出したものだ。「呪われた」という被害者目線の表現は、あたかもその原因が運営責任者である大会組織委員会にはないような言い草だ。けれども、二〇一三年の五輪開催決定の段階から、予想だにしなかった混乱に次ぐ混乱が起こってきたのもたしかである。

開会式・閉会式が行われる国立競技場の全面建て替えにあたっての、設計案のコンペティション。当初、世界的な建築家のひとりであるザハ・ハディドの案に決まるが、建築費用が、過去大会に比べて突出していたことがやり玉に挙げられ、安倍晋三内閣（当時）は、白紙撤回。大会エンブレムのデザイン決定に際しては、いったんはデザイナー・佐野研二郎の案が採用された。だがそのデザインがベルギーのある劇場のロゴマークに酷似しており、佐野がデザインを〝盗用〟したのではないかという疑惑が持ち上がる。佐野に対する批判が一気に高まり、デザイン案は取り下げることになる。

そして二〇一九年一二月、中国の武漢市から全世界に広がった新型コロナウィルスが猛威を奮う。ＷＨＯは世界的な「パンデミック」だと宣言。日本では緊急事態宣言が発令され、二〇二〇年に開催される予定だった東京五輪は、一年延期を余儀なくされた。史上初の出来事だった。

追い打ちをかけるように、開会式の演出を巡っても、トラブルが巻き起こる。中心にいたのは電通出身のＣＭディレクター・佐々木宏だった。佐々木は富士フイルムの「写ルンです」やソフトバンクの「白戸家」などのCMを手がけてきた、広告業界の大物だ。東京五輪には誘致の段階から関わっている。二〇一六年、リオ五輪の閉会式でマリオに扮した安倍首相が、土管から飛び出す演出を考えたチームのひとりだった。佐々木は開・閉会式の総責任者にあたる「総合統括」を務めていた。その佐々木が二〇二一年三月、辞任を表明したのだ。いったい、何があったのか。

当初、東京大会の演出チームとして二〇一七年に発表されたのは、映画監督の山崎貴、能楽師の野村萬斎ら、日本を代表するクリエイターたちであった。

これに注文を付けたのが、組織委員会の会長を務めていた元総理の森喜朗だった。リオの演出陣を入れるべきだとして、佐々木や椎名林檎らメンバー四人も加わり、チームは計八人でスタートした。だが話し合いはまとまらず、開幕まで残り一年に迫った段階で、企画案は白紙状態だった。そこで組織委員会は、演出チームの一員のＭＩＫＩＫＯを、開会式の執行責任者という立場に据えて事態の打開を計った。彼女はＰｅｒｆｕｍｅやＢＡＢＹＭＥＴＡＬなどのアーティストの演出振付を手がけてきた人物だ。『逃げるは恥だが役に立つ』（ＴＢＳ系）の〝恋ダンス〟も彼女の作品のひとつである。

ＭＩＫＩＫＯを中心にチームは動き出し、開会式案を練り上げた。ＩＯＣからの評価も高かったという。だが五輪一年延期を機に、突如として責任者は佐々木に代えられ、ＭＩＫＯは蚊帳の外に置かれていった。演出案は再び迷走を重ねた。森も会議での女性蔑視発言の責任を取って、二〇二一年二月に組織委員会会長を辞任していた。

そして二〇二一年三月、佐々木がタレント・渡辺直美の容姿を侮辱するプランを提案していたことを『週刊文春』が報じた。渡辺を「豚」に見立てた「オリンピッグ」という演出案を考えていたという。女性の容姿を笑いものにする案に批判が集中し、結局、佐々木は辞任を余儀なくされる。その後、舞台演出家の小林賢太郎が演出を統括することになったのだ。開会式まで時間がないなか、直前まで混乱は続いた。

小林はこの時、開会式の演出チームにのちに小山田を音楽担当に誘う辻川を招き入れた。演出チームの別のメンバーが打ち明ける。

「小林さんたってのお願いだったと聞いています。新型コロナが拡大し、緊急事態宣言も発令され、『本当にこの状況で開催できるのか』という不安が多くの国民の間にあった。急遽、演出を任されることになった小林さんは、迅速に開会式の演出案を考案せざるをえなかった。ＧＬＡＹ、藤井フミヤ、ＵＡ、そしてコーネリアスなど大物アーティストのミュージックビデオを手がけてきた辻川さんなら、任せられると思ったのでしょう」

辻川は、具体的な内容は話せないとしながら、引き受けた経緯をこう説明した。

「一年前に小林さんの舞台を見にいったことがあって、その時すごく感動して、いつかこの人と仕事がしたいと思っていたのです。ただ小山田君同様、僕もオリンピックに興味がなく、最初は断りました。けれども、再度お願いされ、本当に誰もいなくて困っているんだなと思い、まず企画案は見ましょうということになったのです。企画を見て、小林さんが開会式で表現したいこともわかりましたし、依頼されている内容は自分の得意な演出の分野でもあることもわかりました。そして熟考したうえで、小林さんや制作チームとオンラインミーティングでお話をさせていただきました。企画コンテにあった、映像の展開の流れ、モチーフの変更、実現不可能な箇所の変更などができるのかなど、確認したいことがあったからです」

この時、辻川は「本当に開催されるんだ」と思ったという。そして正直な気持ちを小林には打ち明けた。

「『僕にやる資格があるのでしょうか』と言ったと思います。僕、オリンピックをまじめに見たことがないのです。また、自分自身が新型コロナに感染して辛い思いをしました。もし、コロナの感染状況が悪く、仮に前日になって『オリンピックやめましょう！』と世論が盛り上がったら、僕はそちらを支持すると思います、と小林さんに伝えました」

するとこう小林はこう返した。

「いろんな人がいろんな価値観を持って、開会式に関わっているんです。この辻川さんに依頼するパートも、そのために作るんですよ」

そして辻川は、開会式のオープニングの映像制作を引き受けることを決意した。

「小林さんが伝えたかった方向性には賛同できましたし、事前に確認したかったことも会議でクリアできた。また、仮に反対しても五輪は開催に向かっていて、映像は誰かが作って流れることになる。そうであるならば、企画内容や状況を客観的に見れば、自分が適任だと思ったのです」

ただ、この時点では小山田の名前はあがっていなかった。辻川の映像には、別の音楽を使う予定だったからだ。ただ辻川はその曲に違和感を抱き、「変更したい」と、クリエイティブチーム内の会議で提案した。そこで複数人からあがった名前が小山田だった。

小山田も「推測ですが」と前置きをしたうえで、こう語る。

「辻川君の映像に適した音楽を、与えられた短い時間で作れる人、となるとおのずと僕の名前が挙がったんじゃないでしょうか。当然、僕と辻川君が一緒に仕事したことがあることは、その界隈の人の中では周知の事実でしたし、その会議に出席していた人の中にも、一緒に仕事したことがある人がいましたから」

じつは小山田にアプローチをしたのは、辻川だけではなかった、ほぼ同じタイミングで、別の人物からもアプローチがあった。開会式前半の映像部分で使用する予定だった音楽が急遽使えなくなった。そこで「小山田に依頼したらどうか」という話が浮上したという。話を持ってきたのは、かつて一緒に仕事をした経験のあるCMディレクター。映像を作ったのは映像ディレクターの児玉裕一だった。小山田が言う。

「児玉さんとも仕事をしたことがありました。ほぼ同時に辻川君からも話が来たので驚きました。とても切羽詰まっている様子で……。たしかに、僕も当時はオリンピックをやって大丈夫なのかと思っていました。それに、僕の周囲で開催に積極的な人は誰もいませんでしたから。ただ、それでも開会式は世界中の人が見るのだから、ある程度のクオリティの作品を作ったほうが絶対にいいという思いもありました。悩んだ末に、皆の役に立てるのであればと思い、引き受けました」

小山田は辻川に「わかった、やるよ」と返事をした。そして、その数日後の五月二十五日、マネージャーの高橋が、クリエイティブチームの担当者から正式な電話をもらい、小山田の開会式への参加が水面下で決定する。

つまり、小山田の動機は、「クリエイターとしてオリンピックの開会式に関わってみたい」という野心や下心ではなく、単に「知り合いが困っているから手伝ってあげよう」程度のものだった。この小山田の人のよい一面が、のちに思いも寄らぬ炎上劇へと発展する。

この時点で開会式まで残り二カ月を切っている。素人目には、制作期間があまりにも短いように思えるが、当人たちに不安はなかったのか。

辻川はこう回想する。

「テレビCMやミュージックビデオは、本番一カ月前に発注があるということも、ない話ではありません。ただ、世界規模のオリンピックというイベントで、これで本当にいいのだろうか、という思いは当然ありました。半年ぐらい前にはすべてが決まっていて、リハーサルを繰り返して本番に臨む、思い描いていたのはそんなスケジュール感でした。異常にも見えるスケジュールで引き受けてくれる人がはたしているのか。その意味でも、小山田君しか考えられなかったのです」

一方で小山田は、納期までの期間の短さは、「あまり気にならなかった」という。

「普段から、映像に合う音楽を、期日までに作って納品するという作業はやってました。大会組織委員会の正式な了承さえもらえれば、作業的に時間が足りないということはない。むしろ余裕くらいに感じていました。もちろん、オリンピックなのにこんな短くて大丈夫なのかとは思いましたが……」

小山田が引き受けたシーンは、開会式の冒頭から前半までの間の二カ所だった。正式に参加することが決まったのが五月二十五日。小山田が録音した各トラックの音量や音色を調整し、音源を最終的に納品したのは七月三日だ。

「短いと思われるかもしれませんが、合計で五分二十秒くらいの映像だったので、実際は映像を見てから一日、二日くらいで大まかな形はできあがっていました。それをクリエイティブチームに投げてオッケーが出たら、あとは細部を調整するだけです」

懸念する点がなかったわけではない。

「開会式が行われる新国立競技場で、映像が実際にどのぐらいのモニターに映し出され、どのように見えるのかわかりませんでした。現場のカメラがどのように切り替わり、プロジェクションマッピングとどう交わるのか。テレビ画面にはどう映るのか。現場での検証にかける時間はほぼなかったのではないでしょうか」（小山田）

小山田は自分の音楽が、開会式全体の流れの中でどう使われるのか、最後まで知らなかった。音と映像のバランスも調整しなければならない。本来であれば、時間をかけてリハーサルを行い、本番を迎えるのだろうが、その余裕はやはりなかったのだ。

じつは小山田の名前を出さない約束だった

ひとつ解せないことがある。というのは、二〇二一年五月の時点でも、検索サイトで「小山田圭吾」と検索すれば、あの「孤立無援のブログ」が上位に掲載されていたからだ。つまり、検索すれば誰でも、雑誌で語っていた〝いじめ疑惑〟について知ることができる状況だった。

東京五輪規模の国際的なイベントにおいて、通常は、過去の業績や本人の素行を洗う〝身体検査〟が行われる。辻川も選ばれる際、関係者から「内々に調査がある」と聞かされていた。それにもかかわらず、小山田が〝身体検査〟に引っかからなかったのはなぜなのだろうか。

クリエイティブチームのメンバーのひとりはこう証言する。

「少なくともクリエイティブチーム内で、小山田さんの名前が挙がった時、これに反対する人は誰もいませんでした。もちろんいじめ問題に言及する人もいませんでした。この危機を救ってくれるのは、『小山田さんしかいないよね』と、皆が歓迎していたぐらいです」

大混乱の末に、組織委員会の〝身体検査〟がもはや機能していなかったのか。それとも、過去の雑誌の記事の内容を把握したうえで強行したのかはわからない。ただ、この時点では本人を含め誰ひとり、過去の雑誌のインタビューで大炎上するとは思っていなかっただろう。じつは最大の誤算は、メンバーの発表時にあった。

「え、名前は出さない約束だったじゃないですか」

組織委員会が開会式に携わるメンバーを発表する数日前のこと。高橋はクリエイティブチームの担当者に、電話でそう漏らしていた。というのも、作曲を依頼された段階で、「小山田の名前は出さない」と約束していたのだ。といっても、いじめ疑惑での炎上を懸念していたわけではない。小山田が言う。

「僕の周囲には、そもそも開催に反対の立場の友だちが多かった。だからオリンピックに関わったと言うのは、ちょっと憚られる気持ちがありました。それに、開会式全体の音楽を担当したわけでもありませんし、ごく一部を手伝わせてもらっただけです。あえて名前は出さなくてもいいと、思っていたんです」

小山田は仕事を引き受ける際、「出さないでください」とはっきり意思表示をしたという。ただこのやりとりはあくまで口頭で、書面で何らかの合意が結ばれているわけではなかった。そして発表直前に状況が変わった。高橋が語る。

「もともと名前は出さない約束でした。それが一転して、名前を出すことになったのは、プレスリリースには全員の名前を入れないといけないと説明されたからです。そこで仕方なく了承した。小山田は、『大勢の中のひとりであればいいか』と言っていました」

じつはメンバー発表時点で、すでに納品も終わっているにもかかわらず、この仕事に関する契約書も交わされていなかった。小山田はこの仕事のギャランティがいくらなのかも知らされない状態で、制作だけが進んでいった。

メンバー発表の際に、小山田の名前が記載されていることを知った辻川は、すぐに連絡を入れた。

「名前出さないって聞いていたけど、大丈夫?」

この時点では炎上の気配はなかったが、結局翌日には前述のように大騒ぎになった。辻川は何度も心の中で「たいへんなことに巻き込んでしまってごめん」と思っていたという。炎上の直後、再び電話を入れると、電話口の小山田はそこまで変わらない様子だった。

「小山田君は常にフラットなんですよね。何かあっても慌てたり、逆ギレしたり、怒ったりしない。とはいえ、僕が知っている中では、一番落ち込んでいる様子でした。決して僕を責めたりしないのですが、聞いていて辛かったです」

ただ、辻川には悔やんでも悔やみきれない思いもある。

「十年以上も前のことですが、小山田君のインタビューでのいじめ発言が、ネットで話題になったことがありました。その時に『孤立無援のブログ』も読んでいたんです」

この時、気になった辻川は、「大丈夫?」と、小山田に尋ねたことがあった。しかし、「ああ、心配させてしまって申し訳ないね」と、そこを深く掘ってはいけないんだ、本人も気にしているんだなと感じさせる言い方だったため、それ以上は触れなかったという。

「正直、僕が付き合っている本人と、ブログに書かれている、雑誌インタビューの中の小山田君が違いすぎて、リアルな問題として認識できませんでした。ただ今回、五輪の開会式で注目されれば、そのことが掘り起こされて炎上する可能性があると、少し考えれば気づけたと思うんです。不思議なもので、演出として関わる以上は、自分の力を最大限に発揮できるよう意識していたので、小山田君のネットでの炎上の可能性には、まったく考えが至りませんでした」

僕が小山田君に依頼の電話をしなければ、こんなことにはならなかった。そして、雑誌インタビューが過去にネット上で炎上した事実を知っていたのに、思いが至らなかった。辻川はこの二つの後悔を引きずることとなる。

「オリンピックへの参加は辞退しましょう」

小山田の様子が明らかにおかしくなったのは、七月十八日の日曜日だった。

都内のビジネスホテルに泊まっていたが、十七日の深夜、記者の目を盗んで自宅に戻っていた。この日は完全オフで、リハーサルもなく、貴重な休日だった。しかし、予定のない一日だったことが、余計に心身を追い詰めることになる。小山田が語る。

「何も予定がないと、かえっていろいろなことを考えてしまうんです。なぜ、こんなことになってしまったのかと、ひたすら頭の中でグルグルと。音楽を演奏している間は集中しているので、他のことを忘れることができるんですよね。だから、仕事やリハーサルが入っているほうが、全然楽でした」

この頃、小山田の相貌はげっそりと痩せていた。そもそも小柄な体軀だったが、さらに二回りほど小さくなった。めっきり口数も減り、その小さな体がずっと下を向いていて、そして、フーッと大きく息を吸い込んでは、深いため息を繰り返す。誰の目にも弱々しく映った。

この日の小山田を目撃した人物がいる。コーネリアスのアルバムのジャケットデザインを手がける、グラフィックデザイナーの北山雅和だ。北山は小山田の体を案じて、家に押しかけたのだった。

小山田は明らかに憔悴した様子だったが、北山と目が合うと、椅子からすっくと立ち上がり、「北山君、ありがとう」と挨拶をしたという。

「アーティストに何かあった時の対応は、マネジメントとレーベルでやるもの。デザイナーである僕が出る幕ではないなとは思ったのですが、おそらく小山田君は、すごく落ち込んでいるだろうから、顔だけでも見せて、励まそうと駆けつけました。

とにかく体が薄っぺらいというか、小さいというか、消耗していて、直視できませんでしたね。そんな状態でも立ち上がって、わざわざ挨拶をするところが、小山田君なんです。とにかく自分よりも相手のことを気づかう性格なんです」

北山は小山田の追い詰められた状況を見て、あることを考えた。それは、その場に居合わせた全員が、口には出さなかったが、同じことを思っていたという。

「もう、いいかげん、オリンピックの音楽担当を降りたらどうだろう……」

報道は海外メディアにまで波及していた。十七日にはイギリスの『The Telegraph』が報道。タイトルは「障がいのある同級生に排泄物を食べさせ、自慰を強要した作曲家が、五輪開会式の音楽担当を続投」だった。午後、組織委員会会長の橋本聖子と事務総長の武藤敏郎がプレスセンターで会見を行なった。武藤は記者からの質問を受け、こう語った。

「小山田さんが謝罪をされて、私どもも十分理解しました。彼は今、現時点において十分謝罪をして、反省をして、倫理観を持って行動したいと言っておられます。当初、そういうことを知らなかったことは事実ではありますけれども、現時点においては、小山田さんの弁明というものをお伺いして、引き続き、このタイミングでありますので、彼には支えていただきたい、貢献していただきたいと考えています」

この、武藤の「知らなかった」という発言が取り上げられ、さらなる批判の対象となった。

十八日、知的障がい者とその家族を支援するための活動を行う民間団体の連合体である「全国手をつなぐ育成会連合会」が、「小山田圭吾氏に関する一連の報道に対する声明」を発表した。〈小山田氏も公式に事実を認め謝罪していることも勘案して、東京2020オリンピック・パラリンピック大会における楽曲制作への参加取りやめまでを求めるものではありません〉としつつも、〈今般の事案により、オリンピック・パラリンピックを楽しめない気持ちになった障害のある人や家族、関係者が多数いることについては、強く指摘しておきたいと思います〉と記されていた。

七月十九日。家族によると、この日は朝から小山田の様子がおかしかったという。突然、食器を洗い出したり、風呂場を磨き出したり、明らかに普段とは違う、突拍子もない行動をはじめた。

「なにか単純作業をしていないと、混乱してしまう。おかしくなってしまう。自分

でも何をしていたのか、ほとんど記憶がないのです」（小山田）

ため息の数も尋常ではなく多かった。感情を表に出すことができていれば、まだ周囲も安心だったが、思いを胸の中に閉じ込めて、感情を殺し、黙り込んでしまう。

とにかく、ひとりでいさせるのが怖くて、家族がかわるがわるそばについていた。

音楽を聴いたり、ギターを弾くことなど到底、できる状態ではなかった。

　家族は前夜、夜中に突然、目を覚ました小山田がこぼした言葉を覚えている。

「なんかもう、ダメかもしんないなぁ」

　そして高橋のもとに、パートナーから「小山田さんが限界です」という連絡があった。すぐに小山田の家に向かった高橋は、本人に会うと、こう切り出した。

「オリンピックへの参加は辞退しましょう。私が伝えます」

　小山田の返答は、

「えっ、そんなことができるの？」

だった。

　当然の反応だろう。開会式まで、あと七日というところまで迫っていたのだから。

小山田自身は「もしも辞めることができるなら、一日でも一秒でも早く辞めたい」と思っていた。

しかし今、自分が辞任したら、開会式はどうなるのだろうか。実際に仕事をした人間だからこそ、容易に想像ができた。自分に話が来た時点で、すでに二カ月を切っていて、辻川などクリエイティブチームの面々は焦っていたのだ。これから数日で代役を探して、新たに音楽を作ることができるのか。

もしかすると、開会式そのものが開けないかもしれない。オリンピックが成立しないかもしれない。自分の問題で炎上しているからといって、「辞任」という二文字を切り出して、はたしてよいものなのだろうか。

しかも、大会組織委員会からは自分の進退について、その後、連絡も何もなかった。二日前には大会組織委員会の武藤事務総長が「小山田続投」と明言している。

高橋もそんなことは百も承知だ。だがこの時、決意は固かった。すぐに開会式のクリエイティブチームの担当者に電話をして、辞任したい旨を伝えた。午前十時ごろだった。

「えっ辞任ですか?」

電話の向こうの担当者は驚いた様子だったが、数秒間の沈黙の後、こう続けた。

「わかりました。ご本人が辞めたいと言っているものを、止めることはできませんものね。すぐに内部で相談します。こちらから折り返します」

おそらくこの話は、すぐさまクリエイティブチーム内で共有され、大会組織委員会に伝わったのだろう。その約三十分後には高橋に折り返しの電話があった。

「辞任、了承しました」

この一報を耳にして、小山田は「正直、ホッとした」と語った。

「最初は僕が外れることで、オリンピックに迷惑がかかる。ずっとそう考えていました。しかし、炎上が大きくなればなるほど、僕が音楽担当で居続けたほうが、オリンピックに関わる人たちに迷惑をかけるのではないかと思うようになりました。僕が辞めることで、その批判が多少なりとも軽減されるかもしれない。その意味でも、少しホッとしたんです」

家族や友人たちの間では、「このままだと小山田が壊れてしまう。下手すれば自殺してしまいかねない。すぐに辞任すべきだ」という声も出ていたという。北山はこの時の状況をこう語る。

「世の中は、『さっさと辞めろ、クビにしろ』という意見が多かった。ただ、辞めたからといって、バッシングが沈静化するとも思えませんでした。どうせ、炎上はすぐには終わらない。だから、辞任が了承されたと聞いても、ああよかった、みたいな気持ちにはなれませんでした」

高橋も同じ思いを抱いていた。

「まずは辞任をして、後のことはそれから考えましょう、そんな気持ちだったと思います」

正式に小山田の辞任が承認されたのは、騒動が始まってから五日目の十九日の夕方のことだった。

この日、永田町でも動きがあった。当時の内閣官房長官の加藤勝信が、定例の記者会見の中で小山田について言及したのだ。質問したのは時事通信の記者で、会見の冒頭から二番目の質問だった。この問題が政治問題として初めて取り上げられた瞬間だった。

「障がいの有無にかかわらず、いじめや虐待はあってはならない行為だ。政府としてはまったく許されるものではない」

「主催者である組織委員会において、適切に対応いただきたい。またそうした対応を取ることが必要だと考えている」

この内閣官房長官のひと言を大会組織委員会が忖度して、この日の夕方に「辞任」が決まったと推測する報道もあった。ただ、官房長官の会見は午前十一時。一方で、高橋が、辞任を申し入れる電話をしたのが十時だ。その電話を受けて、組織委員会が「辞任を了承」したのが十時半。つまり、この会見よりも先に、小山田の辞任は組織委員会内で了承されていたのだ。

その後の展開は早かった。小山田はこの日、予定していたリハーサルをキャンセルし、自身で〝辞任発表〟のため、声明文をホテルで作成した。完成したのが十七時頃。その後、事務所関係者との調整を経て、ホームページとSNSで公式に発表されたのは十九時頃だった。

東京2020オリンピック・パラリンピック大会における楽曲制作への参加につきまして

この度の東京2020オリンピック・パラリンピック大会における私の楽曲参加につきまして、私がご依頼をお受けしたことは、様々な方への配慮に欠けていたと痛感しております。関係各所にて調整をさせて頂き、組織委員会の皆様へ辞任の申

CORNELIUS

東京2020オリンピック・パラリンピック大会における楽曲制作への参加につきまして

この度の東京2020オリンピック・パラリンピック大会における私の楽曲参加につきまして、私がご依頼をお受けしたことは、様々な方への配慮に欠けていたと痛感しております。

関係各所にて調整をさせて頂き、組織委員会の皆様へ辞任の申し出をさせて頂きました。

皆様より頂きましたご指摘、ご意見を真摯に受け止め、感謝申し上げると共に、これからの行動や考え方へと反映させていきたいと思っております。

この度は、誠に申し訳ございませんでした。

小山田圭吾
2021年7月19日

東京2020オリンピック・パラリンピック大会における楽曲制作への参加につきまして

この度は、東京2020オリンピック・パラリンピック大会における楽曲制作への私の参加につきまして、多くの方々を大変不快なお気持ちにさせることとなり、誠に申し訳ございません。
心よりお詫び申し上げます。

ご指摘頂いております通り、過去の雑誌インタビューにおきまして、学生時代のクラスメイトおよび近隣学校の障がいを持つ方々に対する心ない発言や行為を、当時、反省することなく語っていたことは事実であり、非難されることは当然であると真摯に受け止めております。

1回目の声明に追加する形で、コーネリアスの公式サイトに公開された「東京2020オリンピック・パラリンピック大会における楽曲制作への参加につきまして」と題した声明。

し出をさせて頂きました。皆様より頂きましたご指摘、ご意見を真摯に受け止め、感謝申し上げると共に、これからの行動や考え方へと反映させていきたいと思っております。この度は、誠に申し訳ございませんでした。

小山田圭吾 2021年7月19日

自分の言葉で、自分の思いを込めた、十六日の長文の続投宣言に比べれば、短い文章だった。しかし、この時はこれを書ききるのが精一杯だった。

反響はすさまじく、各メディアが速報でこれを伝えた。辻川も「小山田辞任」の一報をこの速報で知ることになったのだが、「心から安堵した」という。というのも、炎上後、辻川は開会式の担当プロデューサーに「このままだったら、小山田君に対して、より強い反発が起こってしまうかもしれない」と連絡していたのだ。自分が東京五輪に巻き込んだという自責の念が、辻川を駆り立てたのは想像に難くない。

「その時、組織委員会側からは、全力で小山田さんを守るので、辞任しないでがんばってほしいという旨の返答がありました。けれども、その言葉に僕は、違和感があったんです。それが本当に、小山田君を守ることになるのかなと。このまま続ければ、炎上や脅迫がさらに激しくなることは間違いなかったので」（辻川）

こうして、小山田の作った二つの楽曲は、日の目を見ることなく、お蔵入りとなった。大会組織委員会は、四日後に開催を控えた開会式に間に合わせるため、小山田が制作した部分の音楽の、差し替え作業に奔走することになる。小山田は、この差し替え作業のことを思うと、本当に胸が痛かったと振り返る。

「自分はそれでも猶予がありましたが、この時点で開会式まであとわずか。もう後任には誰がなっても、本当に申し訳ない、そんな心境でした」

結局、小山田の後任は開会式の音楽監督で、小山田とも面識があるＤＪ・プロデューサーの田中知之が務めることになった。

それでも続く炎上と二度目の殺害予告

発表からわずか五日後に、小山田は辞任した。だが彼が表舞台から姿を消しても、執拗なバッシングが収束に向かうことはなく、むしろ炎上に拍車がかかった。北山の予想が当たってしまったのだ。

二回目の殺害予告がなされたのは、この日の晩だった。

「七月二十四日十五時、小山田圭吾を自宅で殺す」

このような内容の犯行声明文が、ネット上にあげられたのだ。それだけではない。「小山田許すまじ」というバッシングの矛先は、小山田が音楽の監修を手がけているテレビ・ラジオ番組などにも向けられた。そして、小山田は、辞任発表から数日で、ほとんどすべての仕事を失うことになる。

真っ先に動いたのはＮＨＫだった。その日のうちに、翌日の午前八時三十五分から放送予定だった『デザインあ』の中止を決定。別の番組と差し替えることになった。また、小山田が音楽を担当していた教養番組『ＪＡＰＡＮＧＬＥ』（ＮＨＫ Ｅテレ）でも同様の措置がとられた。

マネージャーの高橋のもとにＮＨＫの担当者から連絡が入ったのは、二十日の放送直前、午前八時頃だった。じつは高橋は、炎上騒動が勃発してから毎日、その担当者に連絡を入れ、小山田を取り巻く状況を伝えていた。事務所にとっても『デザインあ』は十年以上続いた思い入れのある番組だった。高橋はその日、番組担当者から伝えられた内容をはっきりと記憶していた。

「小山田さんの炎上によって、視聴者から番組への抗議が過熱したため、本日から放送休止になります、という内容でした。担当者によると『打ち切り』ではなく『休止』だったので、ホッと胸をなで下ろしました。十年も続いた番組でしたし、番組専属の外部スタッフもいたので、彼らのことを考えると打ち切りだけは避けたいという思いでした」

予想していたことだった。高橋はこの時、詫びを伝えることしかできなかった。NHKの発表を受けて、小山田の仕事の取引先は、まるで潮が引くように、一斉に手を引いていった。

二十一日、α‐STATIONエフエム京都は小山田がDJを担当する『FLAG RADIO』の放送中止を決定。静岡市は小山田が編曲を担当した同市のプロモーション曲「まるちゃんの静岡音頭」の使用停止を発表した。テレビ東京は、ドラマ『サ道』の小山田が作った主題歌「サウナ好きすぎ」を差し替えることとした。同社社長の石川一郎は「判断の理由は皆さんの思っているとおりだと思います。不快感というと言いすぎですけど、なんとなく、もやもやとしたものを感じさせないためにも変えた」と、説明した。

中止に追い込まれたのは、テレビ・ラジオだけではない。七月二十日、小山田はMETAFIVEメンバーにこれ以上、迷惑をかけることができないと、七月二十六日に開催される予定だった単独ライブへの出演辞退を伝えた。八月二十日に予定されていた野外音楽フェス「FUJI ROCK FESTIVAL」も同様の対応をとった。
これ以外にも、コーネリアスや小山田圭吾の名義で過去に制作・監修した楽曲などの使用や公開が、次々と中止されてゆく。そして、わずか数日で小山田はすべての仕事を失い、スケジュール帳は白紙の状態となった。

こうして小山田は表舞台から姿を消した。
だが東京五輪開会式は、さらなる混乱の渦に巻き込まれていた。二十一日、開・閉会式のショーディレクターの小林賢太郎が、お笑いコンビ「ラーメンズ」時代に、ホロコースト（ユダヤ人大量虐殺）を扱ったコントを披露していたことが、SNS上で話題となる。間もなく、ホロコーストの記録保存や、反ユダヤ主義の監視を行う「サイモン・ウィーゼンタール・センター」が声明を発表。二十二日、大会組織委員会は、小林を「辞任」ではなく「解任」。より厳しい措置を講じた。小林はこうコメントを発表した。

〈人を楽しませる仕事の自分が、他人に不快な思いをさせることはあってはならないことです。当時の自分の愚かな言葉選びが間違いだったということを理解し、反省しています。不快に思われた方々に、お詫びを申し上げます。申し訳ありませんでした〉

七月二十三日、開会式の演出の責任者が不在のまま、東京五輪は幕を開けた。小山田は精神的に開会式を見られる状況にはなかったという。辻川は、どんな気持ちで開会式を眺めたのだろうか。

「あの時、僕は何のために小山田君を巻き込んでしまったんだろう、と非常に後悔をしていました。また自分は小林さんがいたから、演出に関わることになったという経緯もあり、もちろん、開会式は見るには見たのですが、途中からもう嫌になってしまいました」

クリエイティブチームのひとりは、神宮外苑の空を舞う、無数のドローンが演出する開会式を眺めながらこう呟いたという。

「本当の戦争って、こんな感じなのかも知れませんね。ひとり、またひとりと関わった人がいなくなってしまう。最後、残された人だけで空を見上げるんですね」

太田光がメディアに抱いた疑問

すべての仕事を失った小山田は塞ぎ込んでいた。スタジオに入ってギターを弾く気力は湧いてこなかった。二十歳でプロデビューして以来、音楽に触れない日々は初めてだった。五十二歳の小山田は、抜け殻のようになってしまった。

「引っ越しをしようと思う」

小山田は周囲にそう語り、新しい事務所、自宅探しに躍起になっていた。スケジュールは白紙で、収入はゼロだ。いつ仕事が再開できるのか、まったく予想もつかない。冷静に考えて、いまの事務所や自宅を維持するのは難しいと考え始めていた。パソコンで物件情報を眺める日が続く。もともと、家を探すのは好きだったが、何か作業をしていなければ精神的におかしくなってしまいそうだったのもたしかだ。気がつくと「もう二度とステージに立てないかもしれない」と、考え込んでしまう自分がいたという。

ある程度、小山田も予想はしていたが結局、開会式の音楽担当を辞任しても、バッシングは止まなかった。テレビもラジオも雑誌もウェブのニュースも、どこまでもメディアが追いかけてくる。遭遇するたびに心臓の鼓動が速くなり、胸が苦しくなった。

騒動の前後で大きく変わったのは、好きだったテレビ番組を見られなくなったことだ。小山田はお笑い芸人が好きだったが、過激な発言をする者も少なくなかった。たとえば「ロンドンブーツ1号2号」の田村淳は七月二十五日、『ワイドナショー』（フジテレビ系）で、「犯罪」だと語った。

「いじめって言葉が問題の本質を突きづらくしている。小山田さんがやっていたことは二十何年前とはいえ、完全に犯罪を犯している人だと僕は認識している。犯罪名で呼ばないと、いじめがあったかないかということになると、問題が薄まっていくような気がして、これは過去に起きた犯罪っていう捉え方のほうが正しいんじゃないかなと思います」

「ブラックマヨネーズ」の吉田敬は七月二十日、『バイキングMORE』（フジテレビ系）で、小山田をこう断罪している。

「それが三十五年くらい前のことで、二十七年前にはまだ笑いながら言うてると。これ、三十五年前のことでも許せないんですよ。あの時のことをいくら反省していると言っても」

テレビで小山田のことを扱うのは、ニュースやワイドショーだけではなかった。お笑い番組でもネタにする芸人が登場するようになった。ファンだった芸人のなかにも、事実ではない話を流布している人間もいた。お笑い番組さえ、見られなくなった。その恐怖は、家族も同様だった。テレビを見ていると、不意打ちのように小山田の話題が出てきた。そのたびに場が暗く沈んだ。

「息抜きの場も奪われました。何も考えずに笑うことができなくなったのです。自分にまったく責任がないとは思いません。しかし、事実でないことまで、自分がやったかのように報道されている。何も信じることができなくなっていました」（小山田）

ネット上では、小山田を叩くコメントには賞賛が集まり、一方で、小山田をかばうコメントには批判の声が寄せられた。代表的な例が、「爆笑問題」の太田光だ。太田は七月十八日、『サンデー・ジャポン』（ＴＢＳ系）で、いじめについては言語道断だとしながらも、「当時の雑誌が、それを掲載して、これを許容して、校閲通っている。(当時)サブカルチャーにそういう局面があったということ。その時代の価値観と今の時代の価値観がある。その時代の価値観を知りながら評価しないとなかなか難しい」と発言。すると所属事務所にクレームが多数寄せられたとして、自身がパーソナリティを務めるTBSラジオの深夜放送『爆笑問題カーボーイ』(二〇二一年七月二十日)で、これに言及した。

太田　今の日本のマスコミ全体に聞きたいのは、あのとき何が起きたかを、調べ直したのか?　ってことなんですよ。一社でも、あそこの当事者(のところ)に行って、そりゃね、思い起こしたくないこともあるだろうけども。でもその(筆者注・いじめに)参加した人々、参加した仲間っていうのはいるわけで。あるいはそこのクラスメートなりなんなり。それに取材をし直したのか、雑誌もテレビも、報道機関も。裏をとるって、そういうことをやるわけでしょ。本当ならね。

田中　うん。

太田　それをやらずにあの証言だけを頼りにひとりの人間を再起不能に陥るまで、叩き続けることが、俺には躊躇があるんですよ。たぶんね、今もそうだと思うけれど実際に、彼に、小山田君に投げかけられてる、ぶつけられてる言葉っていうのはこれは、相当なものだろうなと俺は想像するんです。『サンデー・ジャポン』の時点でも俺はそれをじつはどうなんだろう、それを誘発……誘発っていうのかな、人が裁くということですよね。まあなんで、そう思うかというと、俺のところにも来るんだから。だって擁護しただけで、許さんって来るんだから。それは「おまえはサイコパスだ」とか「障がいを持った子どもがいないからわからないだろう」とか。あるいはもっと差別的な、それこそその障がいということを俺に言ってくる人もいる。

田中　うん。

太田　俺は、別にね、そんなの慣れてるから平気だけど、あれが俺のところに来るということを考えると小山田圭吾のところには、何千、何万とおそらく、しかも世界中からそのバッシングがいま来てると思うんだよね。それは自業自得だろうと、おまえがやったことと因果応報だろって言うかもしれないけど、俺はその判断できないんですよ。もしあれが事実だったとして、小山田圭吾があの時代にやった、学生時代にやったイジメが、事実、グルグル巻にしてオナニーさせたりウンコ食べさせたり、そういうことが事実だったとして、あの残虐性と今、小山田圭吾が受けてること、どっちが残酷かっていうのは俺には判断できないんです。

このラジオ放送を小山田は聞いていなかったが、太田の発言がニュースになったことで知った。人気芸人でありながら、そんなふうに発言してくれる太田の存在をありがたく思ったという。

訪れた殺害予告当日

炎上が一段落したのは、東京五輪が始まってしばらく経ってからのことだった。開催直前まで新型コロナウィルスの感染拡大の影響で「そもそもオリンピックは開催できるのか」と疑義を唱えていたメディアも、始まってしまえば、その批判を封印。連日、各国の選手の奮闘ばかりを報道した。

実際には感染者数は急上昇していた。七月一日の時点で千七百五十四人だった全国の新規感染者数は、二十三日の開会式の日に四千二百二十五人、八月八日の閉会式の日に一万四千四百七十二人と、約八倍に膨らんだ。パラリンピック開会式直前の八月二十日には、二万五千八百七十六人にまで増えている。これは当時最大の数値である。新型コロナの専門家の間では「災害レベルだ」とまで言われた。

小山田の事務所や自宅の周りを張り込んでいたメディアも、いつの間にか、誰もいなくなった。

そんなさなか、ネットの掲示板に「自宅で小山田を襲う」と書かれていた、殺害予告の七月二十四日の十五時を迎えた。

以前にも同様の書き込みがあり、警察が警戒にあたる騒ぎになったが、実際には何も起こらなかった。前と異なるのは、襲撃場所が「自宅」と書かれていた点だ。自宅には家族も暮らしている。万が一のことを考えて、この日は午前中から、小山田の友人ら数人が自宅に集まった。

マネージャーの高橋も、小山田の自宅まで自転車で向かった。背中には剣道の竹刀を背負っている。剣道は大人になってから始めた趣味のひとつだ。念には念を入れて、自分にできることは何かと考えた挙げ句の行動だった。真夏の太陽が、ジリジリと照りつけるなか、高橋は道を急いだ。

「まさか大人になってから、竹刀かついでチャリンコに乗るなんて夢にも思いませんでした。もしかすると襲撃されるかもしれない、という深刻な状況だったのですが、自分が今こうしていることが、あまりにも現実離れしていて、どこかマンガっぽいというか、思わず笑ってしまう自分がいました」

自宅には数人がリビングに集まっていた。炎上後、こうして集まるのは初めてだった。本当は楽しい話でもして、賑やかに過ごしたいが、そういう雰囲気ではない。警察官も外で見回りをしていたほどであった。皆が神妙な顔でその時を待った。

やがて、時計の針が犯行時刻の十五時を指した……。何事も起きなかった。居合わせた面々は、安堵の表情でお互い、顔を見合わせた。

「殺害予告なんて、そう滅多に人生で経験しないよね」

誰かがボソッと呟いた。その瞬間、どこからともなく、小さな笑いが生まれた。それが精一杯だった。そして、自分のために集まってくれた友人たちを前に、小山田がこう切り出した。

「餃子作ったんだけど、みんなで食べない？」

もちろん、パーティをしようなんて気分ではなかったが、その場を取り繕うためには、そう言うしかなかったのかもしれない。何しろすべての予定が白紙だ。これから先、どうすればいいかわからない。再び、人前で音楽を披露する機会が巡ってくるのか。そもそも、自分は人前に立ってよい人間なのか。

外出する時はなるべく下を向いて、バレないように心がけていた。周囲の視線は常に気になった。コロナ禍で誰もがマスクを付けていたのが幸いした。

「炎上して以降、家族や事務所の人間以外の誰かに会うことがあまりなかったので、この日は友人たちに会えて久しぶりに救われる思いでした。些細なことで冗談を言い合うことができて、日常を少し思い出しました」

家族も少し安堵した。小山田のパートナーはこう振り返る。

「殺害予告が来るなんて、本当に信じられなくて。自分たちの現実とはあまりにかけ離れた出来事が起こりすぎて、わけがわからなかった。精神的に小山田さんも疲れていたと思いますし、本人を支える私たちも、すごく疲れました」

高橋はこの日、「ようやくこれから、どのようにこの危機を打開していけるか、気の置けない友人たちと一緒に考えることができた」と語る。ささやかなパーティは、ひとつのターニングポイントになった。

私が『週刊文春』で取材を受けないかと、小山田にコンタクトしたのは、この直後だった。

まず、小山田の名誉を回復しなければならない。それが本人はもちろん、家族、友人の共通の思いだった。高橋は友人を介して、危機管理を専門とする弁護士と知り合う。そして、弁護士の提言もあり、『週刊文春』でのインタビューに答えることを決断した。小山田はその時の気持ちをこう明かした。

「文春と聞くだけで不安になりました。ただ、これまで自分の過去に向き合うチャンスを逸してきたので、そこから逃げずに立ち向かおう、そう思ったのです。何が事実で、何が事実でないのかを明らかにしたい。でも、どうせやるなら、影響力のある媒体でやらないと意味がない。そう思いました」

こうして私は、初めて小山田本人と向き合うことになった。『週刊文春』の記事は多くの人に読まれ、反響は大きかった。

私は最初に話を聞いた小山田の母校・和光の同級生が口にした「雑誌の小山田君に違和感がありました」という言葉が、ずっと引っかかっていた。この時点で、七人の同級生に取材をしていた。小山田と数年間、同じ学び舎で過ごした彼らの口から、「小山田が障がい者をいじめていた」「小山田はいじめの常習犯だった」などの証言を得ることはできていなかった。

とはいえ、「シロ」と断定するには、本人の証言だけでは不十分だ。被害者の証言、もしくは、いじめの現場に居合わせた同級生の証言を取るしかない。前述のラジオでの太田の言葉が思い出された。

「今の日本のマスコミ全体に聞きたいのは、調べ直したのか？　ってこと」

こうして私は、約四十年前の「小山田圭吾」に出会う旅を始めることになる。

第4章

いじめの現場にいた同級生

芸能一家に生まれて

二〇二二年八月。私は東京の郊外のアパートの一室で、ある男性を待っていた。彼が事件後、メディアの取材を受けたのは初めてである。約束の時間ちょうどにインターホンが鳴った。ドアを開けると、日焼け顔のがっちりとした体躯の男性が立っていた。噴き出す汗を拭いながら、その男性は自身の名前を告げた。

「石黒です」

年齢は小山田と同じだ。彼は小山田の和光学園中学・高校時代の同級生だった。石黒は座るなり、こう話を切り出した。

「いやー、圭吾の騒動が起きた時、実家に『週刊文春』の記者の方から、連絡があったのですが、あなたではなかったですか？」

私が「違います」と答えると、彼は正面の椅子にどっかりと腰をかけた。

石黒は中小企業の社長だった。この時点で私は十人ほどの小山田の同級生に話を聞いてきたが、石黒はこれまで会ってきた同級生とは、出で立ちも、醸し出す雰囲気も違っていた。というのもユニークな校風でも知られる和光の卒業生は卒業から何十年経っても、どこか雰囲気が似ていることが多いのだ。私は小山田が中学時代、修学旅行先で同級生たちとプロレスごっこに興じていた日の出来事について尋ねた。

「私も現場にいて、すべてを目撃していました。圭吾の炎上騒動のことがあってからずっと気にはなっていました。でも当時のあの空気を考えると、とても自分が本当のことを証言するなんて、怖くてとてもできませんでした」

いったい、その現場では何が起きていたのか。それを検証するには、小山田の歩みを振り返る必要がある。


小山田は一九六九年一月二十七日、東京都港区の愛育病院で生まれた。愛育病院は聖路加病院や山王病院と並び、都内の〝出産御三家〟と呼ばれる名門病院のひとつだ。通っていた幼稚園も、隣接する愛育幼稚園で、当時の自宅があった品川区旗の台から送り迎えしてもらっていた。

小山田は昭和を代表する、芸能一家の長男だった。父の小山田晃は「和田弘とマヒナスターズ」のリードボーカルで、芸名を三原さと志という。

ハワイアンギターとコーラスを組み合わせた〝マヒナサウンド〟と呼ばれるスタ

イルで人気を博した。日本レコード大賞に輝いた「誰よりも君を愛す」や「愛して愛して愛しちゃったのよ」などの数々の名曲を世に送り出した。ＮＨＫの紅白歌合戦にも、計十回出場している。

母の小山田伊都子《いつこ》の旧姓は田辺。伊都子の父の田辺正晴は、ＮＨＫのアナウンサーの草分け的存在だ。第一回（一九五一年）と第二回（一九五二年）の紅白歌合戦の総合司会を務めている。伊都子の弟の田辺靖雄は、梓みちよとのデュエット曲「ヘイ・ポーラ」や「二人の星をさがそうよ」で大ヒットを飛ばしたポップス歌手だった。

伊都子自身は恵泉女学園を卒業後、一年間、東京造形大学の創立者の桑沢洋子が主宰する「桑沢デザインスクール」でリビング・デザインを学ぶ。その後、日米会話学院へ通って英語を学んだ。学生時代には女性だけのアマチュアのハワイアンバンドで、名を馳せたこともある。明るく、自立した性格の女性だった。

一九六六年八月十八日。東京プリンスホテルで盛大な婚約記者会見が執り行われた。仲人として会見を仕切ったのは、マヒナスターズのリーダーの和田弘で、大勢の記者団、カメラマンが詰めかけた。当時の『週刊平凡』（一九六六年九月一日号）にはこのような見出しが躍っている。

「マヒナスターズ　三原さと志が田辺靖雄の姉と結婚！」

当時、三原さと志、そして田辺靖雄がいかに人気だったかを物語っている。同誌によると、多忙のため、三原と伊都子が結婚前にデートをしたのは、五カ月の交際期間でたった二回。新婚旅行は、マヒナスターズのアメリカ公演に伊都子が同行。その合間を縫って二人で旅行したという。

その三年後、小山田が産まれた。「圭吾」という名前は、字画占いに凝っていた祖母が命名したらしい。メディアは「三原さと志・伊都子さん夫妻に第一子誕生」などと報じた。

「和田弘とマヒナスターズ」の全盛期は、一九五〇年代半ばから六〇年代だ。その後、ムード歌謡はフォークソングや演歌、洋楽にとってかわられた。小山田が物心ついた頃には、父の人気絶頂の時期は過ぎており、ミュージシャンとしての父の姿を目撃するのは、主に過去の名曲や懐メロを振り返るテレビ番組だった。

それでも父は大スターだった。地方のライブに行くと熱狂的なファンの女性らが待ちかまえていた。米軍基地でのライブに付いていき、基地内のカジノに置いてあるスロットで遊ばせてもらったこともある。

六歳ごろのこと。『紅白歌のベストテン』（日本テレビ系）の公開生放送について行った時のことは、特に印象に残っているという。

「司会は堺正章さんでした。郷ひろみさんが、筒美京平さん作曲のアップテンポの耳に残るイントロが特徴的な『誘われてフラメンコ』を歌っていたのを覚えています。ホテルの中庭のような場所で、お祭りのやぐらのようなセットが組まれていて、そこに郷さんが登っていました。夏休みに水木一郎さんが家に来たこともありました」

小山田にとって、父はどういう存在だったのか。子どもの頃は家にいるイメージはなく、帰ってきたとしても深夜。翌日は昼まで寝ていることが多かったそうだ。

「家族の前では、饒舌なタイプではありませんでした。家でひとりいるときは絵を描いたり、プラモデルを組み立てたり、何かに没頭していることが多かったです。洋服とバイクと車が好きでした」

六歳になると小山田は、和光小学校に進学する。目黒区学芸大学にあった自宅から、路線バスに乗って経堂にあるキャンパスに通った。大きな車体を上下に揺すりながら、世田谷の閑静な住宅街をゆっくりと走る路線バス。乗り合わせた老若男女が、朝の柔らかな日射しの中、賑やかにおしゃべりをする光景を覚えているという。

小山田は自分自身に、華麗なる芸能一家の血が流れていると意識したことはなく、ごくありふれた普通の家だと思っていたという。ただ、世間と比べれば、まぎれもないセレブ一家の生まれだろう。それが一変したのが、小学校二年生の頃だ。

「深夜、寝ている時だったと思います。突然、母親が僕を抱いて、タクシーに乗って家を出たのです。何がなんだかわかりませんでした。突発的な出来事だったように思えました」

前兆はあった。この一年ほど前、母の伊都子が「ハワイの大学に通う」と言って、家を出ていったのだ。小山田は一時期、父の三原と、父方の祖母と暮らしていた。

「しばらく母がいない生活が続きました。国際電話も高いですし、頻繁に連絡はできません。父は仕事を理由に自由な生活をしていましたし、母は母でそんな奔放な性格でした」

家を出た母がしばらく身を寄せたのは、自分の姉のところだった。やがてアパートを借り、母と息子での二人暮らしが始まる。これを契機に、小山田と父のつきあいは減ったが、母も含めて関係が断絶したわけではない。定期的に父が食事に誘ってくれたり、母子二人暮らしの家に、父が訪れることもあった。

小山田は小学四年生の頃、英語をしゃべることも読むこともままならないまま、夏休みの一カ月間、米国ニューヨークで暮らしたことがある。きっかけは母のひと言だった。

「お母さんはお仕事があって忙しいから、夏休みはニューヨークに行ってきなさい」

小山田の初めての米国滞在は、やがて世界的な映画プロデューサーとなるジョージ・ルーカスが、『スター・ウォーズ』を公開した翌年の一九七八年だった。小山田の知人の家族が暮らしていたのだ。ひと夏、小山田の米国体験が始まった。当時のアメリカはポップカルチャーが盛り上がっており、子どもながらに夢のある国だと思ったそうだ。

「マクドナルドに入ってマックシェイクを買うと、蓋の部分に『スター・ウォーズ』の『R2-D2』や『ダース・ベイダー』がデザインされていた。当時、まだ日本にはなかった『サーティワンアイスクリーム』は憧れの食べ物。見たこともない種類のフレーバーを選ぶのも楽しかったし、コーンの上にアイスを三つ重ねて食べるスタイルが、もうたまらなくて。本当にカルチャーショックを受けました」

現地ではサマースクールに通った。日本人も数人いたが、結局、遊んだのはアメリカ人だった。キャンプにも出かけ、仲良くなった米国人の友人が、落ちている枝を器用に使って火を起こしてくれて、キャンプファイヤーもした。日本とは生活習慣が何もかも違った。昼食は日本人ホストファミリーが作った「お弁当」。けれども、米国人の友人は「リンゴとポテトチップ」。そのスタイルがかっこよく見えたため、小山田は自分のおにぎりと毎日、取り替えてもらっていたという。

「向こうでは『KEIGO』と呼ばれていました。英語は片言どころかほとんど話せなかったけど、それでも好奇心は旺盛で、臆することなく楽しめました。小学生の頃までは、そういうことができていたように思えます」

日本ではよく『ザ・ベストテン』(TBS系)や『夜のヒットスタジオ』(フジテレビ系)などの歌番組やラジオを聴いて、歌謡曲に親しんでいたが、洋楽に目覚めたのはこの時だった。

年の離れたいとこから、米国で買ってきて、と頼まれたお土産リストの中に、洋楽のレコードが入っていた。リストにあったのが、アメリカのハードロック・バンド「キッス」と、イギリス出身のロックバンド「クイーン」。レコードは、ジャズ好きの父が家でよく聴いていたので、身近にあった。そこで、お土産と同じ物を自分で買い、帰国後に家で聴くようになったのだ。

「マンガが好きで鴨川つばめの『マカロニほうれん荘』も読んでいたのですが、そこに『キッス』とか『クイーン』が登場していたんですね。レコードを買う前に知ってはいましたが、実際に聴いてハマりました」

母の勧めで訪れたアメリカで洋楽と出会った小山田。本格的にのめり込むのは、中学に入ってからだった。

最近、小山田は自分の顔は母に似ていて、骨格は父に似ていると思うという。ただ、母子家庭での生活が長く、その後もずっと母と一緒に暮らしているため、母の影響を強く受けたと語る。その母が、小山田に進学するように勧めたのが、和光学園だった。

「そんな両親ですから、『勉強をしろ』などと言われたことは一度もありません。ただ和光での生活は楽しかったですね」

自由な教育の和光学園

小山田圭吾、小沢健二、佐藤琢磨（レーシングドライバー）、大鶴義丹（タレント）、吉田戦車（漫画家）、岩明均（漫画家）、ハマ・オカモト（ミュージシャン）、柄本佑・時生兄弟（俳優）……彼らはみな和光の出身者である。このほかにも数え上げればきりがないほど、同校は多彩な著名人を輩出し続けている。

和光の創立は一九三三年にまでさかのぼる。成城学園から分かれる形で、東京都世田谷区経堂に教職員七名、児童数三十三名の小学校が誕生した。その後、一九四七年に中学校、一九五〇年に高校、一九五三年に幼稚園。そして、一九六六年には大学を設立した。中学、高校、大学は東京都町田市鶴川にある。

現在は幼稚園から大学までを有する、ユニークな一貫校として知られるようになった。和光小学校・中学校の生徒数は約四百名、高校は約七百二十名、大学は約三千名だ。他の大学までを有する一貫校に比べれば、決して多くはないだろう。

私の個人的な感想だが、和光出身者には独特の雰囲気がある。よくしゃべり、ファッションセンスも派手に映る。初対面でも話しているうちに「あ、この人は和光じゃないか」と思って尋ねると、だいたい的中する。

母校愛が強いことでも有名だ。「和光は和光を呼ぶ」と言われ、和光出身者は卒業後も先輩、同級生、後輩と継続した関係を築く人が多い。小山田のように自分の子どもを和光に行かせるケースもある。私の友人やこの取材で出会った和光生の多くも、家族や親類に卒業生がいた。

作曲家の三枝成彰も卒業生のひとり。雑誌のインタビューで、和光を「理想の学校」としたうえで、自身と和光の結びつきについて、こう述べている。

「小・中・高の多感な時期を過ごしたが、その時に先生方や友達とのつきあいで培った意識や素養は、親から受けた影響と同じぐらい、今の自分を作る土台になったと思う。卒業して五十年近い年月が経った今でも、同級生や先生とは年に何回かは会う機会があるし、連絡もとっている。こういう例は珍しいと思う。それだけみんな私にとってかけがえのない人たちだし、理想の教育、理想の学校とはどんなものかと考えるとき、いつも思い浮かべるのは、あのころのことなのである」

（『文藝春秋　臨増増刊』〇六年十一月号）

では、その和光の教育とはどのようなものなのか。かつて和光中学・高校の校長を務めた森下一期は、雑誌のインタビューでこう語っている。

「偏差値で輪切りにされない教育、とでも言いますか。とにかく、いろんな生徒がいてかまわない。それぞれに異なった学生を迎え、育てようということです。だから、化粧をしているのもいれば、モヒカン刈りの生徒だっていています。わたし個人としてはあまり似合ってないと思っているから奨励はしないけど、だからといって生徒の服装や趣味を学校側が規制することはありません」（『Ｖｉｅｗｓ』一九九六年二月号）

三枝は「学校らしくない学校だった」と語っている。

「まず宿題がない。そして珍しいことに週五日制だった。授業も机に向かうより、写生会や遠足のほうが多かった気がする。それに加えて何と私は、一時間目は出席しなくてもいいという条件つきでの編入を許された。毎朝ピアノの練習があったので、そのあとに登校できるかと聞いたところ、学校側が快諾してくれたのである」（前出『文藝春秋』）

リベラルな空気に包まれていた学校でもあった。卒業生のひとりが言う。

「共産党の機関紙の『赤旗』を購読するなど、反戦や平和主義など戦後の民主主義教育を尊ぶ家の子が特に多かった印象です。学校でも平和教育が取り入れられていました。広島や沖縄、アイヌなど日本の近代史を積極的に学びます。障がいを持った子もいっしょのクラスで普通に学んでいました」

和光は校則が比較的ゆるいと言われる。そのかわり、何か問題が発生すると、生徒と教師が集会を開き、話し合う伝統があった。たとえば「週休二日制の実施」や「二学期制を三学期制に改める」際には、一方的に学校側が決めて、それを生徒に押しつけることはせず、徹底的に議論を行ったという。

一貫校で、受験とは無縁。慶應や青山学院などに比べれば、超メジャーな学校ではないが、創立以来、徹底して貫かれた「自由でオルタナティブ」な校風を持つ和光を支持する層は少なくない。小山田の母もそのひとりだった。

中学に入り、小山田の生活は激変した。

まず生徒数が一気に増えた。小山田の小学校時代は一クラス四十名で二クラスだったが、中学になると倍の四クラスになった。和光では小学校からエスカレーター式で進学した者を「内進（内部進学の略）」、他校から受験を経て中学校に入学した者を「外進（外部進学の略）」と呼ぶ。

すでに和光の生活が染みついている内進者にとって、外進者は部外者のような存在で、入学当初は、両者の間には微妙な距離感があると言われる。当時の和光は中学の三年間で、クラス替えは一回しかなかった。つまり、中学一年生の時のクラスメイトと三年間、生活をともにするのだ。

石黒と小山田は、中学一年生の春、同じクラスになった。石黒は「外進」、小山田は「内進」だった。石黒は初めて会った時の小山田のイメージをこう語る。

「名字の順番がイシグロ、オヤマダで近いじゃないですか。それですぐに友だちになりました。小山田は入学当初は優等生で、授業でも真っ先に手を挙げるタイプでした。でも中学一年の後半にもなると、自我が目覚めるとでもいうのでしょうか。本当は目立ちたがり屋なんだけど、ちょっと悪ぶるというか、斜にかまえるというか。学校の行事にもあまり積極的に関わることがなくなりました。そのうち音楽に没頭する生活が始まり、そんなにまじめに授業を受けることはなくなっていたように思います」


ある外進生のひとりは、「公立の小学校から私立の和光に入ると、あまりにも価値観が違いすぎて最初は戸惑った」と回想する。そのいかにも和光生だな、という代表が小山田だったと語った。

「和光は制服がありません。髪も長髪でしたし。内進生は小学校から私立で、お坊ちゃん、お嬢ちゃんばかり。公立出身の目には、なよっとしているというか、ヤワに見えるんです。こっちはそのまま公立に進学していたら、間違いなくツッパリになっていたようなキャラですよ。それで些細なことで言い合いになって、こっちがキレたそぶりを見せると、圭吾がこう言うんです。『だから外進は嫌なんだよ』って。

明らかにツッパリはダサイ、そんな空気が醸成されていました。衝撃でしたね」

小山田が中学生、高校生だった一九八〇年〜一九八六年は、「校内暴力」や「いじめ」が顕在化した時代だった。

「不良」「番長」「ツッパリ」……。

生徒による教師への暴言、暴行は日常茶飯事。職員室を生徒が占拠し、校内で生徒が煙草やシンナーを吸うなど、一部の学校は無法地帯と化していた。

当時、大人気だったテレビドラマ『3年B組金八先生』（TBS系）や『スクール☆ウォーズ』（TBS系）では、非行少年が校舎の廊下をバイクで走ったり、生徒が窓ガラスを叩き割る演出もあった。ミュージシャンの尾崎豊が「卒業」という曲の中で「夜間に学校に侵入し、窓ガラスを壊して回った」という内容の歌詞を歌ったのもこの時代である。生徒間の陰湿ないじめ、暴力は時に被害者を追い込み、自殺という最悪な結果を招いたこともあった。

和光中のある町田市でも事件が起こった。一九八三年の「忠生中事件」である。町田市の忠生中学校で、男性教員が、所持していた果物ナイフで生徒を刺して逃走し、警察に逮捕された傷害事件である。

同校では学校の備品が盗まれたり、教師が生徒から暴行を受けて怪我をするなどの事件が起こっていた。加害者の教員は広島出身で、被害者の生徒から「原爆症」「被爆者」などと差別的ないじめ発言を受けていたという。

事件当日、教員は校舎の廊下で生徒から襲われ、殴りかかられた。身の危険を感じた教師は、普段より早めに帰宅することにした。ところが、二人の生徒が待ち伏せしており、玄関付近にあったモップを振りかざして、教員に襲いかかった。その時、身を守ろうとした教員が、所持していた果物ナイフで生徒を刺した。教員は正当防衛が認められたが、傷害罪などによって罰金刑を受け、諭旨退職となっている。

小山田もこの事件を鮮明に覚えていた。

「当時の町田は不良が多かったですが、和光にはいませんでした。外進組の中に、パーマやリーゼントのファッションの生徒もいました。でも二年生にもなるとすっかり和光の空気に染まって、みんな不良のファッションをやめてしまうんです。そっちのほうがダサいって考えるのが和光生ですから。ただ、周辺の中学、高校には校内暴力で有名な学校もありました。文化祭などの際に、他校の不良が和光の敷地内でカツアゲして問題になったのを覚えています」

小山田の同級生が中学時代、忘れることのできない出来事として、あるエピソードを教えてくれた。町田市内に住む友人の家に遊びにいった時、地元の不良に遭遇したのだ。その不良は同い年だったが、無免許で堂々と乗用車を乗り回していたという。

幼い頃から体が小さく、どちらかといえばひ弱だった小山田は、喧嘩や暴力とは距離を置いてきた。小山田が通っていた渋谷のセンター街にも、そのうちチーマーと呼ばれる不良が現れた。だがそういう集団がたむろする場所にはいたくないと、小山田は自転車のペダルを全速力でこいで、風を切って通りすぎたという。

オザケンとの出会い

小山田は音楽に興味があったが、残念ながら和光中には軽音部がなかった。そこで小山田が選んだのはテニス部だった。ちょうどその頃、世界的にテニス人気が高まっていたのだ。十八歳で全仏オープン初優勝を果たし、全仏オープンでは、前人未踏の男子シングルス四連覇を達成したビョルン・ボルグや、シングルス・ダブルスとも世界ランキング一位となり、のちに〝悪童〟の異名をとるジョン・マッケンローなどが活躍していた時代。彼らが身につけていたテニスウェアの「セルジオ・

タッキーニ」や「ＦＩＬＡ」は、若者たちのマストアイテムだった。

ご多分に漏れず小山田も影響を受け、入部したのだが、残念ながら中学のテニス部は軟式だった。使用するラケットも、ユニフォームも、靴もまったくイメージとは違った。結局、運動がそう得意ではなかったこともあり、半年ぐらいで退部することになる。このテニス部に一緒に所属していたのが、後に小山田とフリッパーズ・ギターを結成することになる小沢健二だ。

同級生によると小沢は成績もよく、正義感が強く、生徒会の活動にも積極的に参加する、いわゆる「優等生」だったという。

「小沢は生徒会に入っていて、何かあると学校側ともいろいろと交渉をしていました。中学三年の時、とある問題を起こしてしまった先生がいたのですが、その時も彼は先生の行動を疑問視し、意見を言っていました」

小山田と小沢がともに音楽活動をすることになるのは、高校を卒業してからである。

中学に入り、校舎が経堂から鶴川に変わった頃、小山田は母と一緒に渋谷区神泉にあるマンションの一室で暮らしていた。当時、母が働いている会社が渋谷区南平台にあり、職場に近かったからだった。小山田の通学時間はかなり長くなった。朝のホームルームに遅刻せずに到着するためには、六時半に起きて、電車に乗らないと間に合わない。

毎朝、小山田は井の頭線で神泉から下北沢に出て、小田急線に乗り換えて鶴川駅を目指した。さらに駅から学校まではバスで二十分以上かかる。通学に一時間以上要するようになり、定時に学校に行くのもひと苦労だった。

クラスメイトの中には、小山田と同じような、母子家庭も珍しくはなかった。また、小山田が芸能人の息子だといっても、「マヒナスターズ」を知っている同級生は少なかった。同学年には俳優の宍戸錠の息子がいたこともあり、小山田が特別扱いされることもなかった。

この時の小山田の自宅を訪れたことがある友人はこう語る。

「たしかに、お坊ちゃんのような、いい服は着ていました。ただ、駅から近いマンションの一室でしたが、決して広くはなかった。お母さんと二人暮らしなので、それでも十分だったのかもしれませんが、芸能人の家庭とは思えない雰囲気でしたね」

中学から高校までの多感な時期を神泉で過ごしたことは、のちに「渋谷系のプリンス」ともてはやされることになる小山田にとって、大きな出来事だった。

渋谷駅から道玄坂をまっすぐ登ってゆくと、なだらかな坂道を登りきった場所に、猥雑な雑居ビルが密集する歓楽街がぽかんと口を広げている。円山町だ。さらに路地を進むと、怪しげなネオンが瞬くラブホテル街にさまよい込む。迷路のように入り組んだ路地を抜けると、今度は一転して下り坂となる。カンカンカンと踏切の音がしたその先に、井の頭線の神泉駅がある。

駅前の木造アパートの一階には、大きな赤提灯が目印の安居酒屋がある。この木造アパートは、のちに「東電ＯＬ殺人事件」の現場になった場所だ。小山田の家はそこから目と鼻の先だった。

「中学生には教育上、最悪な場所だったと思います。普通に自転車でラブホテル街を走り回っていました。坂の上は歓楽街で治安もよくなかったのですが、自宅マンションのあった坂の下は、商店街があって静かで生活感がありました。中一から高三までここから鶴川に通ったんです。高校時代には下北沢の古着屋がたまり場でしたが、終電を逃したら、線路沿いを歩いて帰っていました」（小山田）

テニス部を辞めた小山田は帰宅部となった。働いている母の帰りも遅かったので、時間を見つけては渋谷のセンター街にあった、二十四時間営業のレンタルビデオ屋に通った。当時、ＶＨＳを再生できるビデオデッキが登場。ヌーベルバーグと呼ばれたジャン＝リュック・ゴダールやフランソワ・トリュフォー、このほかスタンリー・キューブリックの作品など、大人びた映画を背伸びして観ていた。ホラー映画、アメリカンニューシネマにも熱中したという。

映画と並んでのめり込んだのが、レコードだった。中学生のおこづかいでは、買えるレコードは月に一枚程度。貸しレコード店に入り浸ったり、レコードをたくさん持っている親戚の家にも通ったりした。小山田が言う。

「母の親戚がアメリカの最先端技術を日本に輸入する仕事をしていて、自分の家とは比べものにならないほど、お金持ちでした。南平台にプール付きの大豪邸があって、地下のパーティルームには、日本では見たこともないようなレコードがびっしり並んでいた。そこでずっとレコードを聴いていました」

この小山田のはとこにあたる人物が、のちにベンチャーキャピタリストとして大成功を収める伊藤穰一である。そこで小山田はハードロックやニューウェーブの音楽にのめり込む。ミュージシャンの服装にも憧れを抱いた。

「当時はトラッド、アイビールック、DCブームの全盛期でした。イギリスの音楽にハマっていたので、ロンドン発のファッションにも惹かれていました」（同前）

和光は制服がなかったため、こうした文化に触れることで、小山田のファッションは年々、個性的になっていった。

小山田が神泉で暮らした一九八〇年代は、渋谷が若者文化の発祥の地として輝いていた時期だ。裏通りの路面店、雑居ビルのセレクトショップが、渋谷のストリートカルチャーを牽引していた。一方で、音楽、映画、マンガ、ファッション、アートなど、あらゆる分野におけるサブカルチャーが産声を上げ始める。その震源地となった街のひとつが渋谷だった。

渋谷をホームグラウンドにしていた小山田は、サブカルチャーの影響を、滝のように浴び続けた。


小山田がギターを始めるまで、時間はかからなかった。最初に手にしたのはアコースティックギターだったが、すぐにエレキギターに興味が湧いた。こづかいを貯めて、新宿のイシバシ楽器で買った。

「Ｇｒｅｃｏ（グレコ）というブランドの、レスポールのコピーモデルでした。初めてのエレキギターですね。これをきっかけに友だちとバンドを組んだんです。最初は神泉の自宅にドラムセットを無理矢理、詰め込んで叩いたのですが、速攻で苦情が来てしまった（笑）。それで、今度は聖蹟桜ヶ丘の友人の家にドラムセットを持っていって、練習場所にしていました」

小山田が幸運だったのは、父が音楽を仕事にしていたことだった。使わなくなった楽器を、父の仕事仲間から譲ってもらえたのだ。ドラムセットも父のツテでもらったものだった。

中学二年生になる頃には、音楽漬けの日々を送っていた。バンドの練習に明け暮れ、下北沢に通う。下北沢は駅前に戦後の闇市を彷彿とさせるような横丁がまだ残っており、古着やレコードの中心地だった。なかでも「ワンダーランド」というショッピングモールが行きつけだった。同世代の学生のたまり場で、他校の生徒もいた。小山田は、行きつけの洋服店の店員に、缶コーヒーをおごってもらうなど、かわいがってもらったという。

「中学一年の頃は授業もわりとまじめに参加して、手を挙げたりしていました。けれども、音楽にのめり込むようになって、親しいバンドメンバー以外のクラスメイトとはほとんど話さなくなりました。ギターを弾くのが楽しくて仕方なかったんです。思春期でもありますし。それでも授業はちゃんと出ていましたよ」（小山田）

小山田はサッカー部、バスケ部など花形の運動部に所属し、成績も優秀で、生徒会など学校行事にも積極的に参加するといったような、教師に好かれる存在ではなくなりつつあった。それでも、特に音楽とファッションに関しては、小山田の個性は抜きん出ていた。

中学三年生の文化祭、人生で初めてステージに立ち、人前でギターを披露することになった。同じ敷地内にある和光高校の文化祭「和光祭」は近隣の学校の間では有名で、校内のコンテストを勝ち抜いたバンドだけが参加できる「オン・ステージ」というコンサートがあった。ただ、これまでは中学でバンドに熱中する生徒が少なかったこともあり、中学の文化祭にはステージが用意されていなかった。

そこで小山田は友人と一緒に学校側に交渉し、初めて中学の和光祭でもバンドが演奏する機会を設けることに成功した。そもそも、エレキバンドに明け暮れる生徒を自由にさせてくれる学校も珍しいだろう。

演奏する場所は中学校の音楽室。バンド名は「ショッカー」だった。イングランド出身のヘヴィメタルバンド「ブラック・サバス」やハードロックのコピーバンドだった。演奏したのは五、六曲だったが、音楽室には黒山の人だかりができた。この時、ボーカルだった小山田の同級生はいまでもこのライブのことを覚えている。

「いま思えば、下手くそだったと思いますよ。僕がボーカルで、小山田はギターを弾いていました。普通、バンドはボーカルが目立つのですが、やっぱり、目立っていたのは小山田でした。途中でギターの弦が切れるアクシデントが発生しましたが、彼は冷静に曲を止めて、また演奏を再開しました。会場の視線はやっぱり小山田に向きますよね。それにもともと、音楽にしても、ファッションにしても、『小山田がカッコいいというものが、カッコいい』、そんな空気が学校にはありましたから」

高校に入ると、さらに小山田は音楽に没頭するようになる。それまでバンド練習は友人の家が定番だったが、都心の安価なスタジオを、こづかいを出し合って借りるようになった。高校生のこづかいでもっとも安く、長くスタジオを借りることができるのは深夜。夜通しバンド練習し、そのまま学校へ行った。寝ていないので、朝のホームルームには姿は見せず、近くの喫茶店で二限目まで仮眠してから登校することもあった。この時期になると、同じような「遅刻組」が同じ喫茶店に集まっていたようだ。

「高校時代はほとんど音楽ばかりしていましたね。授業中はずっと寝ていて、起きていてもずっとウォークマンを聴いていた。中学時代はまだ成績は悪くなかったのですが、高校時代になると急降下しました。それでも『勉強しろ』とか言われたことは一度もありませんでしたし、規則に縛られていることもありませんでしたし、個性を尊重してくれる学校でしたから。興味を持てる分野に集中することが重要なのだと、学校の先生たちも考えていたんでしょうね」

この頃、音楽を介して再会を果たすのが、オザケンこと小沢健二だった。小沢は中学では同じ学校、しかもテニス部だったが、当時は、あまり深い付き合いはなかった。どちらかというと、小沢はクラスを引っ張ってゆく委員長的な存在で、生徒会を熱心にやっている優等生。特に、音楽を始めてからの小山田とは、まったく正反対の性格だった。結局、小沢は大学受験を意識してか、神奈川県立多摩高等学校を受験して進学。久しぶりに会ったのは、和光中学時代に小沢のクラスメイトだった友人の家で遊んだ時だった。

「僕がミックステープを作って、部屋で流していたんです。すると、その翌々日ぐらいに小沢から突然電話があって、『あの時かかっていた曲のやつ、レコード買っちゃった。ああいうの好きなんだ』と言うんです。それで意気投合というか、仲良くなった。学校は違ったのですが、週末になると御茶ノ水にあった輸入盤の品揃えのいい貸しレコード屋に行って、二人で名盤を探しました。そして週末になると小沢の家でテープに録音して聴いていましたね」

そしてその後、小沢は東京大学在学中、小山田が組んでいたバンドのロリポップ・

ソニックに加入。一九八九年、五人組のフリッパーズ・ギターとしてプロデビューを果たしたのである。

秋田県の宿舎で何が起こったのか

ここまで小山田の学生時代を振り返ってきた。

小山田が「自分で行ったわけではない」と主張する前述したいじめのひとつは、この間、中学時代の修学旅行先の部屋で起きたことである。

『クイック・ジャパン』の「いじめ紀行」で小山田は、部屋で次のようなことがあったと述べている。

「ウチの班で布団バ〜ッとひいちゃったりするじゃない。するとさ、プロレス技やったりするじゃないですか。例えばバックドロップとかって普通できないじゃないですか？　だけどそいつ軽いからさ、楽勝でできんですよ。（中略）で、そこになんか先輩が現われちゃって。その人はなんか勘違いしちゃってるみたいでさ、限度知らないタイプって言うかさ。なんか洗濯紐でグルグル縛りに入っちゃってさ。

素っ裸にしてさ。そいでなんか『オナニーしろ』とか言っちゃって」

ここで被害に遭ったのが、「村田」（仮名）という同級生。そして、「オナニーしろ」と言ったのが「渋カジ」（仮名）と呼ばれる先輩だ。

仮に小山田が「全裸でグルグル巻にしてウンコ食わせてバックドロップ」したわけではないとしても、実際は部屋でどのようなことが行われていたのか。

もちろん動画や写真などの物的証拠があるわけではない。この事実を確認する方法は、その「現場」にいた小山田以外の人物を探し出し、実際はどうだったのか話を聞くしかないのだ。

とはいえ、この出来事は一九八二年秋の話である。小山田に聞いても、この現場に自分のほかに誰がいたのか、記憶は曖昧だった。四十年近くも前のことだ。無理もない。自分自身の中学時代の修学旅行を振り返ってみても、どこへ行ったか、その行き先こそおぼろげに覚えているが、その時の宿舎の部屋割りなどまったく覚えていない。小山田に出会う前に、私が接触をしていた同級生たちは雑誌のインタビューの存在は知っていたが、具体的な行為の内容について、噂レベルでも耳にしたことがある人物はひとりもいなかった。

小山田はたしかに学年の有名人ではあった。だが、クラスメイトとの付き合いは少なく、小山田の記憶を辿って取材相手を見つけるのは難しい。客観性を担保するためにも、本人とは別のルートで同室者を探す必要があった。

転機になったのは、小山田の中学卒業時のアルバムを同級生から借りることができたことだった。表紙には「一九八三年度　和光中学校」とある。濃い緑色の装丁、ページをめくると校舎を空撮したモノクロ写真に続いて、教師の顔写真。そして、次のページからは、一学年四クラスで構成されている、当時のクラス写真が掲載されていた。全員が私服で中学生とはいえ個性的な格好をしているが、小山田はなかでも異彩を放っていたので、見てすぐにわかった。

ひな壇の最前列、担任教師のとなりで、卒業証書を手に写真に写り込む小山田。そのファッションは、いかにもプレッピーな装いで、白のチノパンに白のオックスフォードシャツ。紺のジャケットにストライプのネクタイ、そしてサスペンダー。赤い暖色系のソックスがワンポイントになっている。明らかにハイセンスで、都会的な出で立ちだ。ギョロリとした大きな瞳は、現在とちっとも変わらない。

この卒業アルバムの最終ページには、全卒業生の氏名、住所、連絡先が掲載されていた。昔ならではのことだ。私はこの卒業アルバムに記された住所、連絡先を頼りに取材を進めてゆくことになる。ただし、すでに四十年近く時間が経過している。大半の連絡先は不通で終わった。住所も実際に訪れてみると自宅の表札が別名義に変わっているなど、時の流れを感じさせた。むろん、今も本人は不在でも、生徒の両親が暮らしているケースもあった。その中で「石黒」は小山田と同じクラスの三年四組。出席番号はクラスのトップバッターで、小山田は七番目だった。

石黒に電話を掛けると、いきなり最初の時点で「僕、あの現場にいたんですよ」と言った。

「えっ?」と再度、聞き直した。恐る恐る、「取材に協力していただけますか?」と尋ねると「はい」という回答だった。こうして二週間後、取材が実現したのが、本章冒頭の古いアパートでのインタビューだったのだ。

噴き出す汗を拭いながら、石黒は和光時代の思い出を語ってくれた。

石黒は中学から和光に入った外進組で、小学校は公立。和光の第一印象は「学校行事がやたら多い学校」だったという。

たしかに案内に目を通すと、現在も「入学式」「体育祭」「生徒総会」「クラス合宿」

「オープンスクール」「和光祭」「研究旅行」「生徒会執行委員選挙」「和光教育研究集会」「生徒総会」「卒業生と語る会」「特別講座」「生徒総会」「芸術祭」「卒業式」など、一カ月に一回は学校行事が組まれている。

なかでも秋に行われる「学習旅行」は、和光中学生活の集大成。行き先は秋田県仙北郡田沢湖町（現・仙北市田沢湖）にある「あきた芸術村 劇団わらび座」だ。この学習旅行こそが、『クイック・ジャパン』で語られた「現場」だったのだ。

劇団わらび座はかつて、「劇団四季」や「宝塚歌劇団」に次ぐ規模の演劇集団として名を馳せたことがある。一九五一年、「飢えに苦しむ農民を救った山菜のワラビのように、人々の生きる力になる」を合い言葉に創設された演劇集団で、和光中学では一九七七年以来、今日まで秋の学習旅行は必ず、この「わらび座」を訪れるのが決まりとなっている。

毎年、配布される「学習旅行」の目標にはこんな文言がある。

①わらび座で太鼓と踊りに挑戦することを通して、身体と心を解放する。そのなかで自分と仲間の新たな面を発見する

②農家の人と農作業をすることを通して、働く手ごたえを感じとる。また、その経

験をもとに現実の農業や食糧問題を考える
③農家とわらび座の人たちの働きがいや生きがいにふれ、働くことと生きることに目を向け、自分の学びや生き方を考える
④実行委員会を中心とした生徒の手による準備と運営で成功させる。クラスあげての祭りづくりと班で協力して働くことを通してともに学び、仲間の新しい面を発見する。学年の交流を深める

（『育てたいね、こんな学力——和光学園の一貫教育』二〇〇九年、大月書店）

学習旅行の初日はまず、わらび座の民俗芸能の舞台を見る。そして、座員の人々と交流する。二日目は四クラスに分かれて三宅島太鼓とニューソーラン節を練習し、最後にその成果をステージ上で披露する。三日目からは各班に分かれて、二十数軒の農家に分かれて農業を体験する。季節は稲刈りの時期。受け入れてくれる農家の作業を黙々と手伝う。そして最終日の夜、宿舎で「お別れの会」が催され、ここには生徒たちが農業を手伝った農家がやってくる。こうして、五泊六日の行程が幕を閉じる。

石黒はあの日のことを、淡々と話しはじめた。

「中学三年生の学習旅行はよく覚えています。わらび座の宿舎は、一部屋六人くらいの班ごとに、部屋割りがされていました。現場にいたのは私と圭吾、T君(村田君)で、それ以外にもよその部屋から数人、遊びにきていたような気がします」

部屋は畳敷きの和室で、五、六人が布団を敷いて寝る。就寝の準備のため、押し入れから敷き布団と掛け布団を引っ張り出して川の字に並べた。事件が起こったのは、夕食を食べ終わった直後の自由時間のことだった。

「修学旅行の夜ってテンションが上がるじゃないですか。みんな興奮していて枕投げが始まった。じゃれ合っているうちに、プロレスごっこをし出したんです」

当時、昭和のプロレスは黄金時代を迎えていた。アントニオ猪木、ジャイアント馬場を筆頭に、タイガーマスク、藤波辰爾、長州力、ハルク・ホーガン……プロレス中継は小山田の世代にも大人気だった。

当初、この部屋には小山田、石黒、そして『クイック・ジャパン』で「村田君」と表記されるT君。別の部屋からも友人が数人来ていて、部屋には七、八人がいたという。このプロレスごっこは、小山田とT君に加えて、複数の友人が入れ替わり立ち替わり、ごっちゃになって技のかけ合いをしていた。T君は小学校から和光の内進組。小学校時代は小山田とはクラスは別で、中学に入って同じクラスになった。石黒はT君のこともよく覚えていた。

「クラスではちょっと浮いた存在で、正直、クラスメイトからあまり相手にされていなかったと思います。でも圭吾は仲良くしていました。彼も皆との遊びの輪の中に入れて、思いっきり騒げたのがうれしくて興奮したんだと思います。でもT君が嫌だと拒否しているのを無理矢理したとか、そんな雰囲気は微塵もありませんでした」


じつはこれ以前に私は、石黒とは別にもうひとり、この現場に居合わせた同級生にも話を聞いていた。彼は小山田と石黒のクラスメイトではなく、軟式テニス部の友人で、たまたまこの部屋に遊びにきていて、事件を目撃したのだという。この友人はより具体的にその当時のことを語ってくれた。

「部屋は狭くて、七、八人もいるとぎゅうぎゅうで行き場がありませんでした。圭吾をはじめ、その部屋にいた子らが入り乱れるようにしてプロレスごっこをしていた。T君は仲間に入れたのがうれしかったようで、テンションが上がりっぱなしでした。あまりにも暴れるので、布団の上からグルグル巻きにしました。ふざけていたというよりも、T君にいったん落ちついてもらうためだったと思います」

ここまでは単なる中学生同士のプロレスごっこ遊びの範疇だろう。だがこの後、小山田や石黒らと同室の人物が帰ってきたことで、その場の空気が一変する。彼は、クラスは一緒だったが、留年していたため、年齢はひとつ上の先輩だった。雑誌の中では「渋カジ」というニックネームで登場するM先輩だ。小山田は『クイック・ジャパン』のインタビューでM先輩のことをこう語っている。

「中三の時、一コ上の先輩でダブッちゃった人が下りてきたんですよ、ウチのクラスに。で、その人が渋カジの元祖みたいな人で。サーファーで。中学生のくせに凄い遊んでるような人で。バカな先輩なんだけど。でも僕はわりと仲が良かったのね」

中学留年をしているM先輩は学年でも有名な存在だった。別の同級生は、彼の人となりをこう表現する。

「和光中学で留年するって、よっぽどですよね。ほぼエスカレーターで進級できる学校ですから。たしかに個性的な子は一杯いましたが、そんな人はひとりだけ。素行が悪かったんです。圭吾が雑誌のインタビューで『渋カジ』と呼んでいましたが、個人的なイメージで言うと『丘サーファー』みたいなキャラだったなぁと。たしかに着ている洋服は都会的で、かっこよかったです」

そのM先輩が自分の部屋に戻ってくると、ひとつ年下の同級生らがプロレスごっこで盛り上がっている。それを見たM先輩がその輪に割って入ってきたとしても不思議はない。だがそれまで、無邪気にじゃれ合っていた雰囲気に、緊張が走った。

石黒もこう証言する。

「おープロレスごっこやってんじゃん。オレもやらせてよ、みたいな感じになって、その先輩が、T君にパカーンってバックドロップ決めたんですよ。そして、馬乗りになって顔をピシピシたたき出して、もうその時点で圭吾も自分も冷めちゃったんです。この先輩はスイッチが入ってしまうと手がつけられない。中学時代の年齢差は大きくて、この先輩には何も言えない。だから普段はあまり近寄りたくない。プロレスごっこだったはずが段々とエスカレートしてきて、ヤバい、とは思っていました」

もうひとりの同級生も、同じような状況を目撃している。

「M先輩が入ってきて、プロレスごっこに参戦し、T君にバックドロップをかけたと思います。その時、膝がT君の顔面に直撃して、鼻血が出ました。M先輩はキレたら手がつけられない人でした。いわゆる不良ではありませんでしたが、僕は一緒に遊ぶことはなかったです。圭吾と僕たちは部屋の隅っこで、それを眺めるしかできませんでした。T君に自慰行為をさせたかどうかまでは覚えていません。プロレスごっこをして遊んでいたのは、十五分か二十分くらいだったと思います」

この同級生も石黒も、『ロッキング・オン・ジャパン』インタビューの見出しにあった「ウンコ食わせて」という部分については、はっきり否定した。

つまり、この時の小山田の行動をまとめると次のようになる。


小山田とT君、そしてその場にいた五、六人が、プロレスごっこを始めた。最初は楽しく遊んでいたが、そこにM先輩が戻ってきて、空気が変わった。M先輩がT君にバックドロップをかけるなど、徐々にエスカレート。M先輩の剣幕に小山田と何人かの友人は、止めることもできずに、それを黙って眺めるしかできなかった。全裸にして自慰行為を強要したかは定かではない。


私は石黒に、単刀直入に聞いた。

「小山田さんは、T君をいじめの対象としていたのでしょうか？」

石黒はしばらく考えた後、こう口を開いた。

「違うと思います。ターゲットにしていたなんてことはない。むしろT君も、圭吾やその他の友だちにかまってもらって楽しくてたまらない、という感じでした。もちろんT君が心の中でどう思っていたのかはわかりませんが、最初のプロレスごっこは、あくまで遊びだったと思います。ただ、M先輩が入ってきて、空気ががらりと変わった。T君も、同級生たちに助けを求めたり、嫌がって逃げようとはしていませんでしたが、あれはやりすぎだった。ただ、『なぜ止めなかったのか』と言われると、返す言葉がありません」

プロレスごっこの終わりはあっけなかった。教師が見回りに来たのだ。教師が近づいてきたことがわかると、部屋にいた同級生たちは散っていった。そして部屋の中は一気に静まりかえったという。

沢田君は友だちだったのか

もうひとつ確かめておかねばならないことがある。小山田と『クイック・ジャパン』に登場した沢田君（『月刊カドカワ』では「K」と記されている）との関係性である。

小山田は『週刊文春』でのインタビューの時に、沢田君との関係についてこう語っていた。

「こういうふうに自分が言ってしまうと、一方的な考えと思われるかもしれないんですけど、自分もそんなにクラスで話す人がいないなか、沢田君とは比較的、話す関係性で、自分としては友だちだと今も思っているんですよ。小学校の頃に一度やってしまったことは、もちろん申し訳ないと思うのですが、その後、高校になって、より親密に付き合うようになっていきました」

こう述べる小山田に対し、私は返す刀でこう質問した。

「沢田君がこの記事を読むかもしれませんし、すでに報道で炎上のことは知っている可能性が高いです。もし、沢田君が今、目の前にいたとして、報道にあるような、彼を継続的にいじめたという事実はなかった、と彼の前で証言できますか」

すると、普段は慎重に言葉を選ぶようにして返答をする小山田が、この時は即答した。

「はい、言えます。ただ、こうして自分が語ってしまったことは本当に申し訳ないなと思いますし、もし、いじめだったと沢田君が思っていたら、二次被害を与えてしまったことになりますし、本当に軽率なことをしてしまったと反省しています」

今さら言うまでもないが、健常者であろうと障がい者であろうと、いじめはしてはならない。それでも、なんらかの障がいを持つ同級生を、日常的にターゲットにしていじめていたとすれば、何よりも悪質な行為であることは論を俟《ま》たない。

ただ、よほど悪質な行為ならともかく、いじめと断定できるか否かは、当人同士の関係性の中でしか、測れない部分があるのもたしかだろう。

先にも少し触れたが、和光は「障がい児のいる学級」を標榜している。一九五〇年代にはすでに多くの障がい児が在籍。一九七六年に正式に障がいを持つ子どもたちを普通学級に受け入れ出した。以来、毎年、各学級に一～二名の障がい児が入学してきているという（『和光小学校の総合学習　いのち・平和・障害を考える』二〇〇〇年、民衆社）。

一九五〇年代に和光に通っていた三枝も、前出の『文藝春秋　臨時増刊』でこう語っている。

「障害を持つ生徒も他の生徒と一緒に学んでいた。そういう環境で暮らしていると、『世の中にはいろいろな人間がいるのが当たり前。みな平等なんだ』という意識が自然に育ってくる」

しかし、戦後の日本の障がい者教育の考え方は違った。障がい者を持つ親の負担の軽減という名目で教育を免除。ようやく一九七九年に「精神薄弱児」「肢体不自由児」「病疫弱児」の養護学校が義務化された。すべての障がい者の教育を国が保障するという点では、大きな転換だったが、見方を変えれば養護学校の義務化は、養護学校の中に障がい児を隔離するという矛盾をはらんでいた。

つまり、和光は国の制度が整備される以前から、障がい者と健常者が「共同教育」という名のもとに、同じクラスで学び、生活をしてきた。和光ではどのクラスにも介助者なしで生活ができる障がい児が数名いるのだ。

一九五五年から教育者として和光に関わり、後に和光の名物校長となった丸木政臣は、自著『学校が変わる日―和光学園からの提言―』（一九九二年、民衆社）でこう記している。

「どこの世界にでも、強い人もいれば、弱い人間もいるものだ。なかには障害児もいれば、本当に困った病苦を抱えた人間もいる。それが社会というものである。その社会の中で、誰もが皆生きていく以上は、幼い時から自分の身近なところで、目の悪い子どもや耳の悪い子ども、あるいは知的な発達の遅い子どもや生まれながらにして情緒的な発達障害をもっている子どもが、居てあたりまえである。そのことが、健常な子どもの発達のプラスにもなっていくと考えられる」

『クイック・ジャパン』の中で小山田は沢田君について、「かなりエポック・メーキングな男で、転校してきた」「学校中に衝撃が走った」と振り返っている。彼が和光に転校してきたのは、小学二年のこと。沢田君の登場は学年全体でも、ちょっとした事件だったようだ。

小学校で沢田君と小山田は同じクラスではなかったが、五年生の時に土曜日の「太鼓クラブ」の時間だけ、一緒になった。和光では学校行事のたびに発表会があり、その時に学校全員の前で踊りを披露するのだが、どうしても人前では踊りたくない小山田が選んだのが、その伴奏をする太鼓だった。ただ、学年で太鼓クラブを選ぶ生徒は少なかったようで、小山田と沢田君とあと数人だったという。小山田と沢田君はしばしば話をしたりして、交友を深めていった。

その小学五年生の時に、『クイック・ジャパン』のインタビューによると、次のようなことが起こったとされている。

「段ボール箱とかがあって、そん中に沢田を入れて、全部グルグルにガムテープで縛って、空気穴みたいなの開けて（笑）、『おい、沢田、大丈夫か？』とか言うと、『ダイジョブ…』とか言ってんの（笑）。そこに黒板消しとかで、『毒ガス攻撃だ！』ってパタパタってやって、しばらく放っといたりして」

その後、沢田君との付き合いはクラスが違うこともあり、しばらく途絶える。次に二人の付き合いが始まるのは、高校生になってからだ。出席番号が隣で、沢田君は小山田の隣の席だった。中学でバンド活動にのめり込んで以降、小山田には学校の友人が少なく、そこで沢田君と再び会話をするようになった。

沢田君は、高校になってもクラスの有名人だった。高校時代のある同級生も、彼のことはよく覚えていた。

「沢田君はいつも演歌歌手の石川さゆりの下敷きを持っていたんです。不思議な才能を持っていて、友だちの家の住所、両親の名前を記憶していて、それをパッと言うことができるんです。クラス全員ですよ。今だったら症状に名前がついているかもしれませんが、当時はなかった。それはそれとして、変わった人だなぁと思って、接していました」

これは『月刊カドカワ』で小山田が語っていたエピソードともほぼ一致する。また別の同級生は、「小山田君が雑誌に語っていたそのまんまの人物」だったと証言する。

「時々、休み時間に廊下で大声を出していた姿を見たことがあります。だからといって、いじめをしたりすることはないのですが、あまり積極的に友だちになろう、という同級生はいなかったと思います」

この同級生は「ただ……」とつぶやき、こう続けた。

「小山田君は沢田君と仲がよかったというか、彼の面倒を見ていた感じでした。別に四六時中、一緒にいるとかそういうことではなかったし、学校の外で遊ぶとかはない。特に小山田君の高校時代は音楽一色で、いつも尖った服を着て、近寄りがたいオーラを出していました。でも多くの人が沢田君に対して素通りするなか、小山田君は違っていた」

私は話を聞くことができた和光の小山田の同級生十三人に、「小山田が沢田君をいじめていた現場を目撃したことがあるか」と片っ端から尋ねていった。全員、答えは「ＮＯ」だった。

別の同級生は、小山田と沢田君の関係についてこう語る。

「小山田君も沢田君も小学校から和光出身の〝和光エリート〟です。小学生の頃から、皆が一緒に授業を受けて、ずっと一緒に生活をしていた。だから、障がい者だからとか、健常者だからという垣根はほぼない。互いに、腹が立つことがあったら、腹が立つと言うし、おもしろいことがあったら、おもしろいと言って笑う。そこに遠慮はない」

もし仮にいじめなどが発覚した場合、和光ではクラスで徹底的に議論が行われるのだという。

「和光は何かあると、すぐにホームルームが開かれるんです。仮にAさんがいじめられていた、なんてことがあったら、もうたいへんですよ。私の時代は十七時までに下校しなければならなかったのですが、それまでの間、ずっと生徒同士で議論が行われるのです。被害者、加害者の意見はもちろん、それを傍観した周囲について。なぜ誰も止めなかったのか。小学校でもですよ。和光は勉強できなくても何も言われませんが、自分の意見を言うことに関してはカルチャーとして徹底的に仕込まれます」(同前)

しかも、学校の先生がそのホームルームでの議論を仕切るのではない。

「生徒が自発的に議論をする。そこでは全員が発言しますし、発言するように周

囲から促されます。そんな環境の中でそれぞれの個性が認められてゆく。そのカルチャーが体に染みついている」（同前）

この同級生が証言するように、和光では問題が起こると、ホームルームが開かれ、問題解決に向けて議論が行われる。ただ、同級生たちは、沢田君のことでホームルームが開かれたことはなかったと私の取材に答えた。

すでに小山田が和光小学校に通っていた時代から四十年以上が経っている。その月日はあまりにも長すぎた。私は、小山田がインタビューで話題にしていた、沢田君とT君という同級生二人について、昔の卒業アルバムだけでなく、同級生のツテをたどって探し回った。だが、残念ながら見つけて話を聞くことはできなかった。

ちなみに、プロレス技をかけた「渋カジ」は、学校を出た後、カメラマンをしていたことがわかった。そこで私と同業のライター仲間の紹介で、彼と付き合いのある会社役員を紹介してもらうことができた。こちらの取材趣旨を添えた手紙を渡してもらったが、理由はわからないが「この取材は引き受けることができない」との回答だった。

また、本件に関して、当時の和光の教員など複数の関係者にコンタクトを試みたが、残念ながら、匿名でも取材に応じると答える人物には辿りつけなかった。また、現在の和光中学に問い合わせると、当時を知る関係者がいないため、取材に答えようがないとのことだった。

小学校時代に小山田が沢田君にした行為は、たしかに「いじめ」と捉えることができるものでもある。場合によっては、より悪質な行為にエスカレートしていく可能性もあったかもしれない。だが小山田と沢田君は、そうはならなかった。だから後に高校生になってから、二人は良好な関係を築くことができたのかもしれない。

第5章

なぜあの雑誌記事は生まれたのか

フリッパーズ・ギターの伝説

「全裸でグルグル巻にしてウンコ食わせてバックドロップして……ごめんなさい」。『ロッキング・オン・ジャパン』の衝撃的な見出しの内容は、小山田がやったことではなかった。前章で見たように小山田だけでなく、現場に居合わせたクラスメイトたちも、そう証言している。

だからこそ不思議なのだ。小山田圭吾はやってもいない行為を、なぜまるで武勇伝のように語ってしまったのだろうか。

客観的に見れば、直接的な加害者ではないにしろ、いじめの現場で一部始終を目撃し、それを止めなかったのだから、その点についての批判は免れられないかもしれない。ただ、「加害者」と「傍観者」では、まったく意味が違ってくる。おそらく二〇二一年の炎上騒動も、小山田が傍観者だったという文脈だったら、ここまでひどい炎上はしなかったのではないか。

なぜ、小山田はあのような露悪的な「いじめ語り」をしてしまったのか。まず、これらの雑誌に小山田が登場した経緯を振り返ってみたい。

『ロッキング・オン・ジャパン』一九九四年一月号の発売当時、二十四歳の小山田は、人生の転機を迎えていた。

三年前の一九九一年十月、小山田は中学時代の同級生の小沢健二らと結成していたフリッパーズ・ギターを突如、解散した。少しのブランクを経て、コーネリアスの名前でソロ活動を開始したばかりだったのだ。

いまでこそ「シブヤ系」と呼ばれる音楽ジャンルの象徴として、ファンの間では神格化されて語り継がれているフリッパーズ・ギターだが、デビュー当時はまだ無名のインディーズバンドのひとつにすぎなかった。一九八九年八月にリリースされたファーストアルバム『three cheers for our side～海へ行くつもりじゃなかった～』の初盤の売り上げは、わずか三千枚だった。当時、都内には八千八百店のレコードの小売店があった。単純計算で、三軒に一枚しか置かれていない計算だ。三千という数字はイニシャルとしては最低ランクの枚数で、当時のレコード会社は「まず売れないだろう」と踏んでいたことがわかる。

小山田がフリッパーズ・ギターの前身となるロリポップ・ソニックというバンドを結成したのはその二年前のこと。メンバーは和光の後輩や、東京大学に合格したばかりの小沢の五名だった。彼らはデビューをきっかけにフリッパーズ・ギターに改名。そして、ファーストアルバムのリリース直後、小山田、小沢以外の三人が脱退。小山田と小沢の二人だけで活動を始めた。

当時、小山田と小沢が所属していたのが、ポリスターレコードだった。同社でレコードの企画制作、プロモーション、そして販促までを仕切った音楽プロデューサーがいる。大貫妙子やシュガー・ベイブなどの制作・宣伝を手がけた牧村憲一である。

牧村と二人の出会いは、一本のデモテープだった。

当時、牧村のもとに横山剣ら、のちの「クレイジーケンバンド」を売り込みにきた人物がいた。帰り際、その人物は「じつはもう一組いてさぁ……。ただひどいカセットですよ」とブツクサ言いながら、別のアーティストのテープを取り出した。それが「フリッパーズ・ギター」の前身であり、二人が仲間三人と結成した「ロリポップ・ソニック」の音源だった。

この「ついで」のテープがすべての始まりだ。その人物が「ひどいカセット」と言ったように、たしかに音質はすこぶる悪く、とても人に聴かせるレベルのものではなかった。

当時、牧村はポリスターレコードで、音楽プロデューサーとして復活を遂げたばかりだった。というのも、前の職場での疲労が原因で「もう二度と音楽には関わらない」と心に決め、二年間の間、まったくと言っていいほど、音楽を聴いていなかったからだ。その牧村が〝新しい耳〟で聴いたのが、デビュー前の小山田らの音楽だったのだ。牧村はその時のことを今も鮮やかに覚えているという。

「瞬間的に『これは新しい音』だと思いました。たしかに演奏はつたなく粗削りだった。彼らのことをもっと知りたい。そう思った私は彼らをレコーディングスタジオに招きました。こちらはアーティストの才能を見抜く商売なのですが、一番手っ取り早いのは、そのアーティストがどんな顔をして演奏をしているか。どのように音楽と向き合っているかを直接、見ることでした。スタジオはガラスで囲まれていて、私たちは外から彼らの音楽を聴くので、彼らも気兼ねなく演奏ができるのです」

この収録の時、牧村に呼び寄せられたのが、現在、小山田が所属するスリー・ディーの社長である岡一郎だった。二年間、音楽に触れていない自分の耳だけで、彼らを判断するのは牧村には抵抗があったのだ。そこで、前の職場で宣伝担当をしていた旧知の岡に、「ちょっと気になるバンドがあるんだ。彼らの音を聴いてくれないかな」と伝え、当日立ち会ってもらったのだ。牧村が言う。

「しばらく彼らの演奏を見ていて、真摯に音楽に向き合っていると感じたんです。やっぱり、いいなと思い、隣で聴いていた岡君の様子を窺うと、彼も満面の笑みでした。すぐにレコーディング終わりにメンバーを集めて、『レコードを作らないか』と提案したんです。彼らは話し合いの末、よしやろう、と。途中に五人中、三人がいなくなり、小山田君と小沢君の二人になってしまうのですが、解散までの三年間で、三枚の音楽を作ることになったのです」

しかし、レコードを出そうと言われて、じつは小山田本人は「はい、出しましょう」とは素直に思えなかったという。なぜなら、自分たちの趣味で始めた音楽が、レコード会社の商売に使われることで、本当に自分たちがやりたい音楽ができなくなってしまうのではないかと警戒したのだそうだ。小山田は当時の心境を、ノンフィクションライター・一志治夫の『Ｖｉｅｗｓ』（一九九五年三月号）でのインタビューでこう語っている。

「こんな音楽は相手にされないと思っていた。ほんと趣味の範囲で、こういうの好きな人もっといたらいいのにね、ぐらいの感じでやっていただけだから。だから、レコード出そうと言われても、『どうしようか、大人は信用できないなあ』って感じだった（笑）」

「片方でだまされているんじゃないかってとこもあったけど、僕らの気持ちとしては、本当にやり逃げというか、完璧に自分の好きなのを1枚作らせてもらって、おカネは全然自分らでは払わないで、あとで文句言われても『俺らは知らん』というふうにしようって言ってた（笑）」

無名バンドのファーストアルバムに費やした経費はおよそ三千万円。会社から牧村に「好きなようにやっていい」とゴーサインは出ていたが、この数字は破格だった。バブル景気の真っ最中とはいえ、他のアーティストは最大でも二千万円が上限。明らかに予算オーバーだった。ただ、彼らを育てるという意味でも、優秀なエンジニアとサウンドプロデューサーを付けた。アルバム制作は、メンバーが納得するまでプロ仕様のレコーディングスタジオを借り切った。

何より二人がこだわったのが、アルバムのデザインなどのアートワークだった。当時、二人がもっとも意識していたのが、和光大学を卒業した先輩で、後に「Original Love」を結成する田島貴男だった。二人は当時、田島が所属していたピチカート・ファイヴのCDジャケットを手がけていたアートディレクター・信藤三雄にデビューアルバムのジャケットを依頼した。信藤は、松任谷由実やサザンオールスターズなどのCDジャケットを手がけてきた、日本を代表するアートディレクターだった。小山田と小沢は、このアルバム制作を通じて、アマチュアからプロへの階段を上ることになる。

牧村はファーストアルバムの発売後一週間で、レコードの売れ行きを示す数字に特徴があることに気がついた。東京の山手線の内側と外側で、売れ行きが異なったのだ。調べてみると、大きく数字が動いているのは、山手線の沿線か内側の、六本木WAVE、タワーレコード渋谷店、HMV、ヴァージン・メガストアーズなど、洋楽のレコードを大量販売している大型店舗だった。彼らの音楽は洋楽を好んで聴く、都会の洗練された若者層にウケていたのだ。

デビュー直後、小山田は不運に見舞われる。全治六カ月の交通事故に遭遇したのだ。リードボーカルがいなければ、ライブどころではない。その結果、ファーストアルバムリリース記念のコンサートは、一九九〇年一月まで五カ月もの間、延期を余儀なくされてしまう。メンバーも三人が抜け、小山田と小沢の二人だけになった。

ただ、この延期によって、三千枚から始まった無名バンドのファーストアルバムの売り上げ枚数は、コンサートの開催時点で、一万枚の大台が見えるまでに積み上がっていた。テレビドラマ『予備校ブギ』（TBS系）の主題歌に、代表作「恋とマシンガン」が使われたことも影響した。最終的にファーストアルバムの売り上げは、十万枚を突破した。牧村はいい傾向だと手応えを感じた。

「もちろん、松任谷由実の二百万枚とか、そんなメガヒットとは勝負にもなりませんよ。でも、ファーストアルバムの初版枚数が三千枚、セカンドアルバムが三万枚、サードアルバムが六万枚。つまり、ホップ、ステップ、ジャンプで二十倍になったんです。レーベルの側の私たちは自信満々で、彼らは絶対に人気者になると信じていた。まだまだ一般的に知られる存在ではありませんでしたが、世間と身内では、その評価の認知に時間差があるだろうと考えていました。だから極めて順調にいっていたと思います」

フリッパーズ・ギターの二人の知名度は、渋谷の中高生たちを中心に浸透してゆく。小山田は学生時代から渋谷をホームグラウンドにしていた。街には輸入盤を扱う大型CDショップが立ち並ぶ。当時、洋楽の中心だったのが六本木WAVE、タワーレコード渋谷店、HMV渋谷店だった。また、フリッパーズ・ギターが最初のライブを成功させたのは、渋谷クラブクアトロ。一九八八年に誕生したこのライブハウスは、若者文化を牽引する渋谷パルコが所有する四番目のビルの最上階にあった。二人が「恋とマシンガン」をリリースした時、パルコには大きな壁面広告が展開された。

やがて、渋谷発の都市型ポップスは、後に「渋谷系」と呼ばれるムーブメントを生む。牧村は自著『渋谷音楽図鑑』(二〇一七年、太田出版、藤井丈司、柴那典との共著)で、「ある日突然、渋谷系というものが生まれたわけではない。それがオーバーグラウンドに生じるためには、その下の暗渠に蓄積したエネルギーがあった」として、こう続けている。

「渋谷という街には、都市型ポップスの地下水脈が流れていました。公園通り、道玄坂、宮益坂という三つの坂にそれぞれ拠点があり、そこが生み出した文化が流れ込み、積み重なっていました。(中略)いつの時代も、同時代の洋楽に憧れ、研究し、そして独自の日本語のポップスを編み出すミュージシャンたちがいた。そしてそれはアートやデザイン、ファッションと結びつき、共振していた」

フリッパーズ・ギターの音楽は口コミで地道に、そして着実に広がりファンを獲得した。牧村の狙いどおり、テレビ番組や邦楽ヒットチャートに象徴される、商業音楽とは一線を画した立ち位置を二人は確立した。

だが、フリッパーズ・ギターの活動は、わずか二年で終わりを告げる。

一九九一年十月二十九日のことだ。牧村は「解散」の一報を、パリのホテルにかかってきた国際電話で知った。次のアルバムをフランスとイギリス、そして、日本の三カ国で同時に発売するための交渉中だった。牧村は取る物も取りあえず、日本へトンボ返り。成田空港から都内の事務所に移動する車の中で、迎えにきたスタッフから事情を聞いた。

なぜ二人は解散を選択したのか。ファンの間では、「二人がある女優をめぐって恋敵となり、それが理由でバンドが空中分解した」という噂がまことしやかに囁かれた。しかしこれは事実ではない。小山田は解散について当時、こう語っている。

「僕らはいつやめてもいいやって感じでずっとやっていた。やめようと思ったときにやめられなかったらバカみたいじゃないですか。だから、解散するなんてことはいつも思っていた。続けるためにやっているわけでもないし、レコードとかもある程度商売として成立してくると、一般的には、解散するって言ったら解散記念盤出して、解散コンサートして、ひと稼ぎするのが普通なんだろうけど、別にそういうのわかんなかったし。小沢とふたりで、『やめたいなあ』、『じゃあやめようか』ってやめたら、もうそれ以降続けることはできないわけじゃないですか。それで、その時点でマネジャーに電話かけて、そこに呼んで、『僕たち今日でやめることにしました』って言った。マネジャーの顔はグワーって青くなっていたけど」

（『Ｖｉｅｗｓ』一九九五年三月号）

岡も解散を聞いた時、「冗談だろ」と仰け反ったという。二人をよく知るシンガーのカヒミ・カリィは、解散の理由についてこう推測している。

「フリッパーズのときのふたりの役割分担は絶妙でした。彼らにしかわからないテレパシーで連絡をとっているという感じだった。ふたりはただの友だちでバンドをやっていたとか、趣味が合うとかじゃなくて、精神的な双子みたいな感じだった。私は、そのテレパシーが急に通じなくなっちゃったんだと思う」（同前）

この解散以降、小山田と小沢が公の場で一緒になったことは、これまで一度もない。

問題はポリスターレコードとの契約がまだ一年以上、残っていたことだ。当然、予定されていたレコードの発売は中止、コンサートツアーもすべてキャンセルとなる。彼らの所属事務所は、そもそも大赤字で支払い能力はない。劇場の収入はゼロ、イベンターにも報酬は何も入らない。そうなると、この負債を誰が背負うのか、ということになり、原因を作った二人に訴訟が起こされかねない。牧村は、二人の将来を守るために戦後処理に奔走する。そして当時の社長に、契約違反であるのはたしかだが、「彼らの将来を閉じるようなことはしたくない」と説得し、理解を得たうえである一計を案じるのだが、それはこんなシナリオだった。

「本来、もっとも手っ取り早いのは、フリッパーズのベスト盤やライブ盤を作って、半永久的にそれを売って、赤字を補塡することでした。けれども、二人の終わり方として、その商業的なやり方は絶対に受け入れないだろうと思っていました。ただ、現実問題として、なんらかの方法で借金返済はしなければならない。そこで提案したのが新たなレコードレーベルを作り、そこからフリッパーズの総集編的なアルバムを発表すること。無事に借金が返済されたら、そのアルバムは廃盤にする、と二人と約束しました」

その準備していたレーベルを「トラットリア」という。実際にこのレーベルからフリッパーズ・ギターの総集編的な位置づけのアルバムが二枚、リリースされた（今は廃盤となっている）。ところが、その過程で予想もしていない出来事が起こった。東芝レコードが「小沢君を受け入れたい」と移籍の話を持ちかけてきたのだ。本来まだ、ポリスターレコードとの契約期間中なので、途中での移籍話は、通常ありえないことだった。

当時、ファンの間では「小沢君は東大で頭もいいし、なんだったら本も書ける。ひとりでも十分やっていける。しかし、小山田から音楽を奪ったら、何も残らないだろう。プー太郎になってしまうかもしれない」などと心配されていたという。結局この時、大手への移籍を決めた小沢に対し、小山田は小規模なレコード会社を選択する。

そして解散劇の約二年後の一九九三年、小山田はトラットリアからコーネリアスとしてソロデビューを果たす。ファンは色めきたった。

小山田が、問題の『ロッキング・オン・ジャパン』のインタビューを受けたのは、このタイミングだった。盟友と袂《たもと》を分かった小山田が、今度はひとりのミュージシャンとして世に復帰する、その矢先のことだったのだ。

『ロッキング・オン・ジャパン』と山崎洋一郎

では、あのインタビューはどのようにして生まれたのか。

「当時、フリッパーズ・ギターと言えば、サブカル界では王子さまのような存在でした。表紙に登場すれば雑誌は確実に売れたでしょう。特に小山田君の、この表紙はインパクトがあるじゃないですか。雑誌は誰が表紙を飾るかで部数が決まりましたから」

そう語るのは、あの小山田が表紙となった『ロッキング・オン・ジャパン』の時代、同編集部で働いた経験のあるAだ。当該号もリアルタイムで目にしていたという。

『ロッキング・オン・ジャパン』は、一九八五年十月に音楽評論家の渋谷陽一が手がける洋楽ミニコミ誌『ロッキング・オン』の増刊として創刊された。邦楽ロック・ポップスの専門の雑誌で、通称は「ジャパン」。編集長は渋谷だった。

渋谷は一九八二年に、株式会社ロッキング・オンを設立。二〇〇〇年代に入ると雑誌や書籍販売だけでなく、「ロック・イン・ジャパン・フェスティバル」など国内最大級のフェスやイベントを手がける一大企業に成長させた。現在はロッキング・

オン・グループ会長である。

『ロッキング・オン・ジャパン』は佐野元春、RCサクセション、尾崎豊、THE BLUE HEARTSなど、人気アーティストを次々に表紙に起用した。フリッパーズ・ギター解散の直前、小山田は小沢と一緒に表紙を飾っている。ただ、雑誌の売り上げは思ったほど伸びなかった。

そこで一九九一年、山崎洋一郎（現「ロッキング・オン」代表取締役社長）が二代目編集長に就任。しばらく試行錯誤をした末に、大幅なリニューアルを敢行する。判型を「A4判」から「A5判」へ縮小し、販売価格も六百円から四百八十円に値下げした。じつは小山田炎上の発端となった一九九四年一月号は、このリニューアル記念号だった。

表紙はニット帽を被った小山田の「顔」がアップで大きく使われている。ギョロリとした大きな瞳。くっきりとした二重瞼。少しあどけなさの残る輪郭と陰影。当時の小山田は「生意気でヒール」なイメージが先行していたが、表紙の小山田の表情には大人の色気も漂っている。その顔にかぶせるように「JAPAN」のロゴ文字が躍る。Aは、小山田が誌面に登場したのは、他の雑誌にないオシャレなフォーマットのデザインを貫いていたからではないかと推測する。

「これは渋谷さんの方針なのですが、とにかくアーティストをかっこよく撮れと。ビジュアルには相当こだわっていました。小山田君もアルバムのデザインなど、アートワークには格別な思い入れがあったと聞きます。他の雑誌ならともかく、『かっこいいジャパンだったら大丈夫』という安心感もあったのではないでしょうか」

同誌のデザインは、のちに坂本龍一など一流アーティストのジャケットを手がけることになる若き日の中島英樹が担当していた。その中島が手がけたリニューアル号の表紙には「小山田圭吾『血と汗と涙のコーネリアス』」の文字。目次には「誰も見たことのなかった小山田圭吾を一挙公開　①デビューまでの生い立ちをすべて告白②前人未踏のレコーディング現場に潜入」などと記されている。

この時、採用されたのが、同誌が得意とする「二万字インタビュー」だった。この企画は旬のアーティストに二万字、原稿用紙に換算すると五十枚分のロングインタビューを敢行。幼少時代から音楽活動で成功するまでの半生を徹底して聞き出し、アーティストを丸裸にするという同誌の〝お家芸〟だった。

小山田の記事のインタビュアーは編集長の山崎が担当している。

山崎は一九六二年、東京・世田谷生まれ。上智大学外国語学部を経て、一九八六年、ロッキング・オン社に入社する。わずか五年後の一九九一年、『ロッキング・オン・ジャパン』編集長に抜擢された。スラッとした高身長で高学歴。音楽に詳しいだけでなく、自らDJとしても活動を行う。彼を知る人は、「なんとも言えない色気があり、チャーミングな大人」と口を揃える。

部下として働いた経験のあるBは、山崎の編集者としての才能をこう評する。

「会話でも原稿でも、山崎さんが使う言葉はドラマチック。最近の『エモい』恋愛小説ではなく、文学的、哲学的なんですよ。エレファントカシマシの宮本浩次さんを『正しい異端』と表現できる。そんな言葉選びの能力が抜群だった。彼のセンスに皆がハマってしまうんです」

ロッキング・オン社で山崎の部下として仕事をした経験があり、『ヒットの崩壊』（二〇一六年、講談社現代新書）などの著書で知られる音楽ジャーナリスト・柴那典《ともの り》は、山崎の凄みをこう語る。

「クセのあるアーティストに慕われている山崎さんを、『彼は人たらしですから』と形容する人がいますが、僕は違うと断言します。彼は器用な営業マンのように、人の懐に飛び込んで、あの手この手で懐柔するようなことはしません。むしろ理知

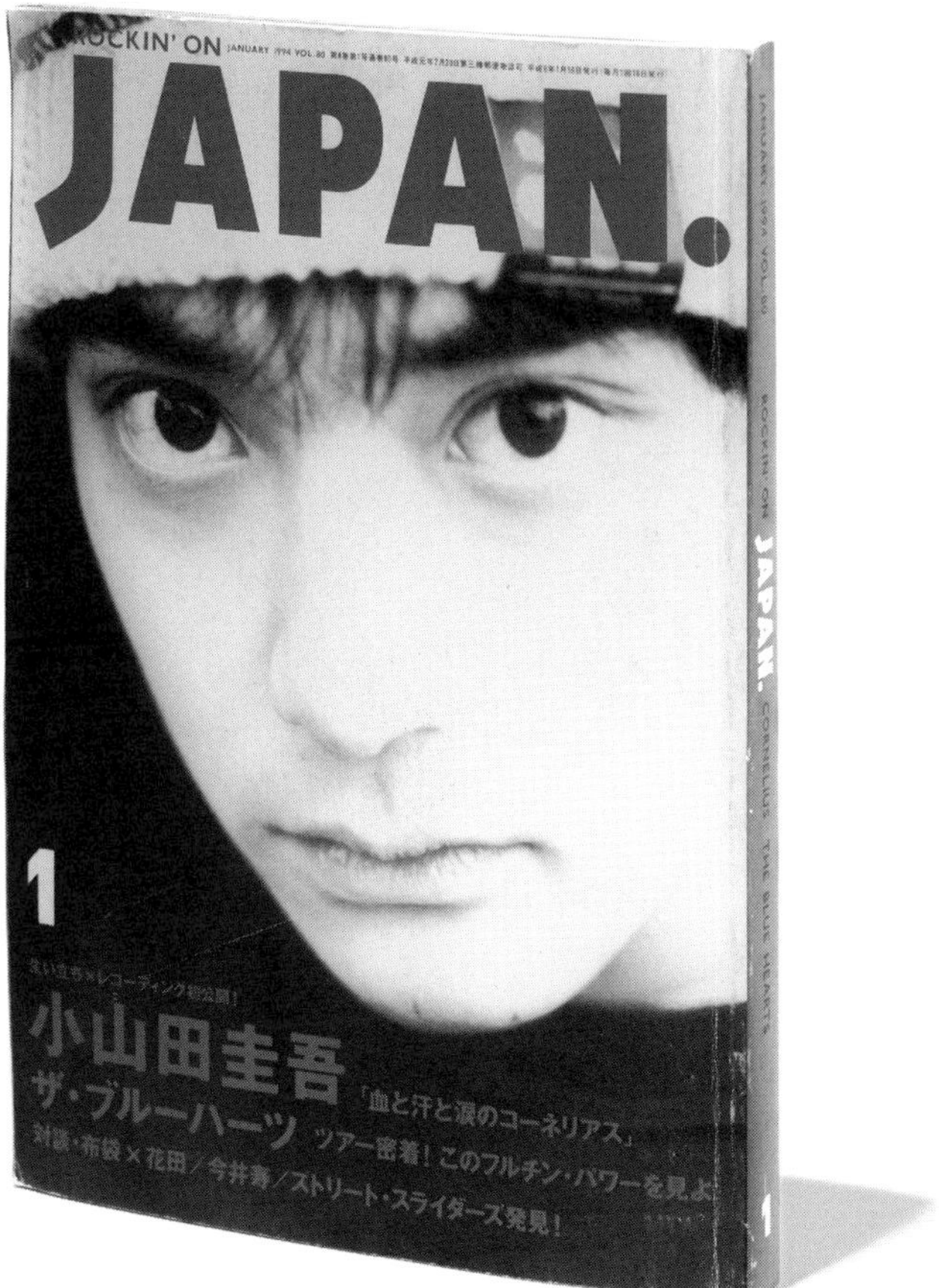

『ロッキング・オン・ジャパン』の表紙。
真正面から向き合う小山田のアップ。

的でロジカル。小山田さんのように、周囲に対して自分の表現をあえて曖昧に見せているアーティストには、たとえば、『あなたの音楽のルーツには、こういうマインドがあり、今の社会や音楽シーンをあなたはこう捉えている。であるからこそ、あなたは、こういう表現を使ったんですね』と、他人には言い当てることができない〝正解〟をズバリ言い当てる。そして、あなたと私は、同じ文化体系や価値観を共有していますよ、ということを瞬時に相手に理解させてしまう。だから、絶大な信頼を得ることができる。そうでなければ、二万字インタビューは成立しない。あの友だちのような近い距離感でやりとりはできませんよ」

同じくBも、山崎はアーティストの信頼を獲得する術《すべ》に長《た》けていたと証言する。

「山崎さんはアーティストから『新作どうでしたか？』と聞かれることが多かったんですよ。そのたびに、彼は『聴いたよ。よかったよ』から始まって、『けれども、あの部分はもう少し工夫が欲しかった。この部分、作りながら悩んだでしょ』など、丁寧に意見のキャッチボールを交わすのです。しかも、その指摘が的を射たものばかりなので、アーティストは信頼しますよね」

もちろん取材では、アーティストが聞いてほしいことだけを質問するわけではなかった。

「編集者特有の鼻は利いている。絶対に他誌では質問しないようなことも、サラッと聞いてしまうのです。たとえば、相手が女性であれば、『初潮はいつ？』とかも聞いてしまう。もちろん、プライベートにも踏み込む質問をするので、アーティストの中には、取材中に泣いてしまったり、現場が険悪なムードになったりもします。それでも、山崎さんには敵が少なかった。根底には『山崎さんなら、書かれても仕方がないな』という信頼感があったのではないでしょうか」（同前）

一方、アーティストを売り出すレーベルや事務所スタッフからは、別の見え方をされていた。小山田の所属するトラットリアの統括ディレクターだった牧村は、山崎とライブなどですれ違っても、向こうから挨拶された記憶は一度もなかったと語る。

「レーベルや事務所のスタッフには興味がないのでしょうね。それにアーティスト本人と直に関係を結んでしまえば、誌面は自分がコントロールできる。編集長ですし、そう考えていたのではないかと思います」

牧村は、山崎が二万字インタビューでやろうとしたことは、アーティストとの「じゃれ合い」だったと分析する。フリッパーズ・ギター時代、杓子定規なインタビューばかりを受けていた二人の中で、山崎はウマが合った数少ない編集者だった。一九六九年生まれの小山田と同級生の小沢（一九六八年生まれ）。山崎が一九六二年。年齢も近かったこともあって、二人にとっては「音楽の話ができる兄貴分」が現れたように感じられたのではないかと牧村は推測する。

「取材といっても、かしこまった雰囲気はまったくなく、傍からみていると友だち同士が、馬鹿話で盛り上がっている。そんな感じなんです。小山田も小沢も二十歳ですよ。若くて、とことん調子に乗っていた時期ですからね。取材中、山崎の机を勝手に開けるなどいたずらを始めるんです。相手が大人だったらさすがにできませんよね。すると山崎は『こいつら酷いんだー』とか笑いながら、そのことを記事にする。山崎にしてみれば、オレはそれくらい二人と仲がいいぞって、世の中に見せつけていたのです。取材は終始、そんな感じで、できあがった記事を読むと、まるで三人がじゃれ合っているように見える。彼としてはしてやったりなんです」

牧村はその「じゃれ合い」が、あの件のインタビューに発展したのではないか、と言う。

トラットリアの宣伝担当として、雑誌などのメディアの窓口になっていた人物がいる。ポリスターの新人社員だった櫻木景である。彼は「愛が止まらない～Turn it into love～」や「淋しい熱帯魚」で知られる女性アイドルデュオ「Ｗｉｎｋ」の宣伝担当をしていた。櫻木は小山田のインタビューが、どのような経緯で組まれたのかを覚えていた。

「山崎さんから提案された企画でした。ポリスターの事務所まで来て、説明を受けました。これこれこういった理由で雑誌の判型が変わります。リニューアルします。つきましては、その第一発目の号は、どうしても小山田君でやりたいと。熱心におっしゃられていました」

じつは当時、音楽雑誌にレーベル側が広告費を払って、ミュージシャンのインタビューを掲載することがあった。メディアで流れる情報の量が、現在とはまったく違う時代だ。音楽好きの読者に直接ミュージシャンの魅力を伝えるには、雑誌は格好の媒体だった。『ロッキング・オン・ジャパン』でも、広告費をもらってインタビューを掲載することもあったという。櫻木が言う。

「ただ、この時のインタビューは、山崎さんから持ちかけられたものでした。最終的に少し広告費はお支払いしましたが、この件に関してお金は後付けです。実際、コーネリアスのファーストアルバムの発売は一九九四年二月なので、この号の発売の少し先でしたが、小山田君にも話をすると、『ぜひ、やろう』ということになったのです」

　インタビューが行われたのは、一九九三年の晩秋のこと。インタビューと撮影を、どこで行ったのかは記憶が定かではないという。ただ印象的な表紙、およびグラビアを撮影したのは、同誌で多くのミュージシャンを撮影してきた写真家の平間至。当日、小山田の取材に同席した事務所の人間は、岡と櫻木の二人だった。

「これだけのロングインタビューになると、ずっと宣伝担当が隣に座って、かしこまって話をする雰囲気でもありませんでした。二人の関係は『まあ、二人で自由に話しておいてください』と思えるような間柄でした。初めて会うわけでもないし、音楽事情を知らない一般紙のライターさんでもないわけですし。まさかあんなことになるとは……」

原稿チェックなしというポリシー

〈記事の内容につきましては、発売前の原稿確認ができなかったこともあり、事実と異なる内容も多く記載されております〉

前述した二〇二一年七月十六日、小山田が公式ホームページで公表した声明文に記された文言である。同年九月、私が『週刊文春』の取材でインタビューした時も小山田は「『ロッキング・オン・ジャパン』は原稿の内容を事前にチェックできませんでした」と語っている。

トラットリアの櫻木によると、やはり事前の原稿チェックはなかったという。インタビューの内容を確認したのは発売の数日前。ロッキング・オン社から送られてきた雑誌の現物を見た時だった。櫻木が神妙な面持ちで語る。

「届いたリニューアル号を見て、いじめの話も掲載されていることは理解していました。ただ、それが問題だとは当時、認識していませんでした。もし、その認識があれば、すぐに訂正を申し入れるとか、山崎さんに抗議をするなどの対応をしていたと思います。事務所内でも同じ認識でした。今となっては、もう取り返しがつかないことで、本当に忸怩たる思いです」

当時、『ロッキング・オン・ジャパン』は、原稿をミュージシャンに事前に見せないことで知られていた。多くの音楽雑誌が広告出稿を得るため、アーティスト側に忖度し、基本的に〝持ち上げる〟原稿を掲載していた。そんななかで社長の渋谷陽一は、「質問を事前に見せない」「原稿チェックは一切なし」「忖度ではなく批評」という姿勢をモットーにして雑誌を作っていた。それは大物ミュージシャンに対しても変わらなかった。

渋谷は自らが作るものをジャーナリズムだと語り、原稿をチェックさせないことにこだわりを持っていた。巻頭の二万字インタビューという、アーティストを丸裸にするという手法は、一九六〇年代後半にアメリカで生まれた「ニュージャーナリズム」の手法に倣ったものである。

「ただ、原稿をチェックさせない方針を貫いたため、記事が出た後に、取材対象者から『事実と違う』『ニュアンスが違う』など、掲載後にクレームが入ったことはたびたびありました」（前出・B）

たとえばロッキング・オン社には、まことしやかに語り継がれる伝説もある。撮影の最中、カメラマンが大物アーティストとケンカになり、殴られたことがあった。編集部はその時の写真を誌面にそのまま掲載、物議を醸した。また「事実と異なる不本意なことを書かれた」とアーティストが会社に殴り込みにきて、編集部の壁を殴打し、穴が空いたこともあったという。

一歩間違えれば、大問題になりかねない記事もあった。最たるものが「架空インタビュー」だ。実際は取材をしていないのに、編集部が取材をしたかのように記事を創作する。普通では考えられない手法である。しかし、初期の『ロッキング・オン・ジャパン』ではこれが名物コーナーにさえなっていた。ジャーナリズムを標榜する一方で、おもしろければなんでもあり。それが彼らのポリシーだった。

「全裸でグルグル巻にしてウンコ食わせてバックドロップして……ごめんなさい」

この見出しを初めて見た時、Bは「ロッキン流のお手本ともいうべき完璧な見出しだ」と思ったという。

「二万字の長いインタビューを読ませるには、テクニックが必要です。本人がしゃべっている空気感を残しながら、綺麗にまとめすぎない。それが集約されたのがタイトルや見出しですよね。ページをめくった時に、読者の目に飛び込んでくるインパクト。わかりやすくキャッチーな言葉を要所、要所に詰め込む。編集部では徹底してそう教えられました。実際、この見出しは読み手の記憶に残りますよね」

当時の編集部では完成した原稿は校閲、編集長チェックの後、編集部員が回し読みをするのが慣例だった。しかしAもBも、もし自分があの原稿をチェックしていたとしても、「これはマズいです」と指摘できたか自信がないと語る。

「この号は社内でもいい意味での語り草になっています。よくしゃべらせた、という意味で山崎さんの武勇伝のように語られていました。むしろおもしろかったよね、という評価です。もし、この原稿が回ってきたら、おもしろいっすねと言って戻したと思います」

　ただ、これまで、雑誌の方針を変更せざるをえないほど、編集部とアーティスト側が揉めたことはなかったのではないかと、前出の柴は語る。

「ロッキング・オン社が、業界の鼻つまみ物だったかというと、まったくそうではありません。むしろ、ジャパンの巻頭を飾ることは、アーティストにとってメリットだと思われていました。それはいまも一緒です」

　たとえば巻頭の二万字インタビューは、インタビューだけで三時間、撮影をあわせると半日〜一日かかることもあった。売れっ子のアーティストが、ひとつの媒体にそれだけの時間を割くというのはなかなかなかったことだろう。それだけ、『ロッキング・オン・ジャパン』が音楽業界にとって、重要視されていたことの証左である。

　背景には九〇年代以降、邦楽は黄金時代に突入。売り上げは右肩上がり。雑誌の売り上げは五万部から十数万部とバラバラだったが、それでも十分に商売になった。渋谷を筆頭に、編集部員も浮かれていたとBは証言する。

「本社が渋谷の雑居ビルから、駅前のインフォスタワーの十九階に移転したのです。

当時、大手芸能事務所・アミューズが下階に入っていたのですが、『うちはアミューズを超えてやった』と豪語してネタにしていた時代でした」

山崎は小山田の理解者だった

牧村が最初に『ロッキング・オン・ジャパン』のインタビュー記事のことを知ったのは二〇〇〇年代に入ってからだった。一九九四年当時は連日、仕事に追われていて、すべての記事に目を通す時間などないほど忙しかったからだ。初めて記事を読んだ時、「あ、隙を突かれた。やられたな」という思いに駆られたという。

じつは、フリッパーズ・ギター時代にも、小山田と小沢が言ってないことを、さも言ったかのようにメディアに書かれたことがあったからだ。その雑誌とは、あの有名な『POPEYE』（マガジンハウス）だった。

小山田「おい。読んだ？　おまえ、アレ。」
小沢「読んだ……。ひどいよ、アレ。何？　アレ。」
小山田「おれ、あんなこと一言も言ってないよ。」

小沢　「これ、いぢめに近いものがあるな。」
小山田「おまえ、カウチンセーターって何だよ。」
小沢　「知らない。アレ読んで初めて知った言葉だよ。」
小山田「流行わかんないとか言うと、流行から離れていることこそポリシーだ、みたいにさ。」
小沢　「そこまでとぶもんな。」
小山田「思いこみが激しいよ。」
小沢　「おれらも結論早いけど、これ結論用意してるもんな、最初から。」
小山田「ちょっと、これからビバ・デスは貴重だぞ。」
小沢　「出た記事は、全部ビバ・デスで言い訳する？」
小山田「それも悲しいな。」
小沢　「でもショックでかいよ……。」

これは一九九〇年十月十七日号の『POPEYE』に掲載されたフリッパーズ・ギターの連載「VIVA DEATH ROW」の冒頭だ。小山田と小沢が「ひどいよ」「アレ」と呼んでいるのは、じつは当の『POPEYE』の記事のことなのである。

小山田と山崎の関係を示すようななごやかな空気をまとう、『ロッキング・オン・ジャパン』の特集記事。

二号前の一九九〇年九月十九日号では、ニュースタンダード・ファッションの特集が組まれていた。そして二人も、著名人の一組として当該企画の記事に登場。だが二人のキャラを利用して、「流行から一番遠いところでオシャレできる人、そんな人が一番オシャレなんだと思うな」「今どきカウチンセーターとか着ちゃうかもしれないけど」などと、本人たちがしゃべってもいない話を編集部が創作してそのまま掲載。二人は同誌で連載を持っていたため、表現こそ丸くなっているが、牧村によると、烈火のごとく怒っていたという。

当時は多くの雑誌が、タレントの事前のチェックなしで掲載されていた。

「デビューした当時はまったくの無名ミュージシャンでしょ。だから、『何、「POPEYE」のレギュラー連載？　いいじゃない』『「ジャパン」で表紙がとれた？よし、やろう』という感じで、その中身がどうこうよりも、露出することによる宣伝効果を優先しました」（牧村）

本人たちがまったくしゃべっていないことが掲載されるのは数回ほどだったが、ある程度の脚色は日常的にあったという。基本的には雑誌が出版されて発覚した。ただ、それには小山田、小沢の態度も少なからず影響していたのではないかと、牧村は推測する。というのも二人は、編集者やライターに限らず、自分たちに近づいてくる人間に対し、本当に自分たちの音楽を聴いているか、シンパシーを持っているのか、音楽に対する知識がどの程度あるかなどを、話をしながら測っていたからだ。

「優秀なアーティストほど、事前に取材相手のテストをするんです。小山田君と小沢君からオッケーが出た人は、ほんと一握りでした。その一握りの人間以外は、彼らから冷遇されていた。でも取材現場に来るライターは、そんなに興味がなくても、編集長やデスクから行けと言われて来た人も多い」（同前）

そういったライターには、小山田や小沢は最小限の受け答えしかしなかった。

「質問しても思うように答えてくれないと反感が募る。上司の指示どおりの原稿が書けなくなる。それゆえ、時には創作をしてしまうのではないでしょうか。原稿チェックがないから、そのまま掲載されてしまう。悪循環ですね」（同前）

二人がこうした態度を取るのには理由があった。というのも、当時の二人は「アマチュア精神」と「パンク精神」に満ちあふれていたからだ。

「自分の本当の気持ちは横に置いて、とにかく売れることだけを考える〝ザ・芸能界〟のスタイルに、私もあの二人も反発があったんです。だから、そこにどっぷりのライターには冷遇もしたし、逆に本当の自分の気持ちをぶつけてくるライターには、リップサービスもした。つまり、そこには自分たちの理屈があって、私もその理屈が通っている時はその態度を許してきたのです。それに当時のパンクの掟は、『一日でも早く生まれたヤツ、デビューしたヤツをコケにしろ』でした。今考えると笑ってしまうのですが、二人はその掟を建前として忠実に守っていた。ある意味でまじめで健気なやつらなんです」（同前）

たしかに、小山田より年上のアーティストやライターに話を聞くと、小山田＝「性格が最低」という感想を漏らす人もいたが、その原因は当時の彼らの振る舞いにあったのかもしれない。

音楽雑誌だけでなく、ファッション、サブカルチャー、ライフスタイル……様々な雑誌に小山田たちは登場した。一九九一年五月には『オリーブ』の表紙を飾った。同誌の愛読者で、都会的ファッションやライフスタイルを愛好する若い女性は、「オリーブ少女」と呼ばれたほどである。

売り出す側と雑誌側の利害が一致していた。メディアにとっては、彼らを支持する層を読者にしたいという思惑はあっただろうし、また、二人が音楽にとどまらず、当時の若者文化の一端を担っていた証でもある。ただ前出の柴は、「フリッパーズの二人が音楽を通じて、何を表現しようとしていたのか。その本質を多くの編集者、ライターは知らなかったし、知ろうともしなかった」とため息をつく。

「彼らの音楽はネオアコと呼ばれた英国のポスト・パンクのムーブメントに強い影響を受けていましたが、そのルーツにはハードコアではなく、ソフトな方向に先鋭化したパンクロックがあった。だからああ見えて、二人の音楽表現には、世の中に対する強い苛立ちと反抗精神があったのです。ただ、日本の音楽シーンはバンドブームのまっただなか。アーティストのマインドよりも、キャラクター性を重視していた。フリッパーズの二人はルックスも少年的でかわいかったので、まさか彼らの内面に、そういった反抗精神があるなんて誰も思わなかったんでしょうね。だから、デビュー当時の彼らのインタビューって、読むべきものはひとつもないと僕は思う。彼らは終始、ふざけてバカにしているんですよ。何も知らないメディア関係者は、それを、『子どもだから仕方がない』『調子に乗ったガキだ』とか、いろいろ言っていたのですが、要するに誰も彼らの音楽の内面性を見ようとしなかっただけなのです」

そんななか、『ロッキング・オン・ジャパン』の山崎は、彼らの反抗精神を最初から理解していたと柴は言う。なぜなら山崎も、世代こそ少し違うが、英国のパンクロックに影響を受けた人間だったからだ。

「山崎さんはフリッパーズの二人が、世の中の風潮を引っ繰り返してやりたいという反骨精神を持っているということを、デビュー当時から言っていました。だから小山田さんは、ジャパンは自分たちの表現、マインドについても話せる媒体だと心を開いたのでしょう。単なる編集長とミュージシャンという関係ではなく、ちょっとした共闘関係のような信頼感を抱いていたと思います」

フリッパーズ・ギターと並び、当時の『ロッキング・オン・ジャパン』にさかんに登場していたのがロックバンド「ニューエスト・モデル（現・ソウル・フラワー・ユニオン）」の中川敬である。中川も柴の言う「共闘関係のような信頼感」がわかる気がすると語る。

「インディーズ・ブームを経た一九八〇年代後半ぐらいから、大メジャーの商業主義的なロック・ポップスに背を向けた、レコード会社主導ではなくミュージシャン主導の、パンク・ニューウェイヴの影響下にあるＤＩＹ的な潮流（自主的な音楽制作）が一般化し始めていて、その渦中にニューエスト・モデルやフリッパーズ・ギターもいた。当時、その大メジャーの世界の側の、数少ない〝理解者〟という立場に山崎洋一郎君はいて、『ニューエスト・モデルやフリッパーズ・ギターを爆発的に売りたいんだ』ってよく言ってくれてたんよね。実際、ニューエスト・モデルもフリッパーズ・ギターもすばらしかったんよ（笑）。小山田君の例のインタビューも、ある種露悪的に、どうやって売るか、どうやって目立たせるかをひたすら考えている編集者の前のめりな気持ちが出ている。数多のロック雑誌が乱立していたバンドブームの時代、編集者もライターもその多くは二十代の若者で、ポリティカル・コレクトネス的にかなり乱暴な内容のものが多かったから、『ロッキング・オン・ジャパン』だけが際立って露悪的で冷笑的だったとかいうようなことはなかったね」

問われる『ロッキング・オン・ジャパン』の姿勢

当時、小山田がインタビュアーとしての山崎を信頼していたことは間違いないだろう。だからこそ、『ロッキング・オン・ジャパン』のリニューアル号という大役を引き受けた。だが実際には、小山田が語ったことが誇張して書かれてしまった。小山田は『週刊文春』の取材の際に、こう語った。

「事実と違うことを見出しにされ、まるで全部自分がやったことのように書かれていて、当時、すごく違和感を覚えました。ショックを受けました。後日、ライターの方（山崎）に会った時、その違和感は伝えたと思うのですが、実際に訂正を要求することはしなかったんです」

じつは掲載号が発売された翌日、小山田は渋谷パルコで行われたイベントで、山崎と対談をしている。その中で、インタビューのことを振り返りながら、いじめの記載の部分について小山田が言及している。その時の会話は、第一章でも触れたミニコミ誌『SPYS vol・2』（94年 SPRING）に記録されている。

小山田「これ、読めばわかるんだけど、結構、極悪なことばっか言ってんじゃないかって（笑）。」

山崎「そういう時は、ちゃーんと等身大の小山田圭吾を見せていかないと。」

小山田「違いますよ。あそこにいるのはちょっと…あの日の僕は、どうかしてたんです（笑）。」

山崎「でも、こういうやつだよね、基本的に。」

小山田「いや、とんでもない。…読んでない人は全然わかんないよね。これ（『ロッキング・オン・ジャパン』）、読んでもいいけど、あんまり信じないように（笑）。」

またじつは『ロッキング・オン・ジャパン』の一九九四年二月号にも小山田は登

場している。インタビュアーは前号に引き続き山崎だ。そしてアルバムのことを話題にしながらも、前回の取材の時について小山田が言及する。

「僕こないだのインタヴューに、少し後悔してるところがあります（笑）」

——何だよ突然。

「ははははは。あの日はほんとどうかしてたんですよ（笑）。いや、僕もっと面白おかしいエピソードでできればいいなあと思ってたんだけどさ。だから別にこの『ウンコ喰わしてバックドロップ』とかそういうのはいいんですよ。でも、なんか全体的に漂う……」

——ヤクザな？

「ヤクザっていうほどじゃないところがまたなんかみみっちいしさ（笑）」

——ははははは。じゃあやり直すか。

わざわざ何度も言及していることからも、小山田が記事に違和感を覚え、しゃべってしまったことを後悔していたのはたしかだろう。『クイック・ジャパン』の村上清の取材も、最初は受けるべきではないと判断して断ったが、「間違って広まってしまった記事を修正したいという気持ちもあった」ため、引き受けてしまった。小山田の人のよさが裏目に出て、それがさらに問題を膨れ上がらせる結果となってしまっている。

また小山田はこれ以降も、二〇〇一年までの間、新譜が発売されるたびにしばしば、『ロッキング・オン・ジャパン』に登場している。これがきっかけで山崎と絶縁するということはなかったのである。

じつは、柴によると、「事前に原稿を見せているケースもある」という。

「話を聞いたはいいものの、文字にできないことばかりの取材の時もあるんです。弁護士に確認しないと書けないことや、アーティストの家庭環境が劣悪すぎて、そのまま書くと問題になる時とか。原稿を全部見せるかどうかは別にして、インタビューの時点で、『ここはダメ、ここはオッケー』と細かくやりとりをするケースもあります。あとは、最初から『見せない方針はわかったから、そのかわりにテープ起こしにいっさい、手を加えるな』という条件で合意に至ったこともあります」

中川も当初は、原稿チェックをさせてもらえなかった。ただ、ある時から、渋々、事前のチェックを山崎が了解するようになったという。

「『原稿チェックをやらしてよ』と言うのはウソを書かれるとか、そういうのではなかった。俺らニューエスト・モデルの場合は、媒体がロック雑誌であるにもかかわらず、インタビューで社会的政治的な話もする。たとえば、民俗学的な話や、アイヌや沖縄の話とかをすると、発売された雑誌を見たら誤植だらけやったりするんよね。ロック的文脈から離れた話をすると、まだみんな若かったし、今みたいにネットで即座に確認とかできない時代やったから、誤植だらけになるわけ。それが嫌で嫌で、一九九四年頃からか、『あんまり変えないでね』という約束のうえで、原稿チェックをさせてくれるようになった」

つまり編集部としては、その時々で、柔軟に対応をしていたわけである。もしも小山田側が強く望めば、原稿チェックなり、「この部分は使わない」などの交渉は可能だったのかもしれない。

そのうえで、柴はこう語る。

「二万字インタビューは、アーティストの過去をほじくってなんぼの企画。何か問題があった場合、掲載後であっても編集部として、それなりのケアをしていました」

中川もこう続ける。

「『ロッキング・オン・ジャパン』はアーティストのケアをまったくしないとか、

そんな感じではなかったよ。小山田君のあのインタビューに関しては、周囲も含めて、当時は〝意識が低かった〟ということやろうね。サブカル的冷笑主義は、バブルで浮かれる日本社会全体に蔓延している風潮でもあった。ただ、今現在でも、国会議員ですら差別煽動をしている輩が数多いるような状況なわけやから、この件が、〝悪者〟を作り上げて叩いて溜飲を下げるだけみたいな話にするのではなく、〝弱いものイジメ〟に向かう、『鎖国的日本ムラ社会』構造の病巣にメスを入れるきっかけになってほしいよね」

二〇二一年七月に炎上したインタビューをしたのは山崎であり、掲載したのは彼が編集長を務めていた『ロッキング・オン・ジャパン』だ。つまり、仮に小山田がしゃべったことであっても、それを掲載した責任は会社と編集長にある。また、ジャーナリズムを標榜し、原稿チェックをさせないという判断をしたのだから、なおさらそうである。小山田は「一部事実と違うところがある」と表明している以上、なぜこのような記事が生まれたのか、説明責任があるのではないか。

山崎は七月十八日、自らのブログ「山崎洋一郎の『総編集長日記』」を更新。「ロッキング・オン・ジャパン94年1月号小山田圭吾インタビュー記事に関して」で次のように記している。

小山田圭吾氏が東京オリンピック・パラリンピックのクリエイティブチームの一員に選出されたことを受け、94年1月号のロッキング・オン・ジャパンに掲載されたインタビューで氏が話された中学時代のいじめエピソードが各方面で引用、議論されています。

その時のインタビュアーは私であり編集長も担当しておりました。そこでのインタビュアーとしての姿勢、それを掲載した編集長としての判断、その全ては、いじめという問題に対しての倫理観や真摯さに欠ける間違った行為であると思います。

27年前の記事ですが、それはいつまでも読まれ続けるものであり、掲載責任者としての責任は、これからも問われ続け、それを引き受け続けなければならないものと考えています。

傷つけてしまった被害者の方およびご家族の皆様、記事を目にされて不快な思いをされた方々に深くお詫び申し上げます。

犯した過ちを今一度深く反省し、二度とこうした間違った判断を繰り返すことなく、健全なメディア活動を目指し努力して参ります。

ロッキング・オン・ジャパン編集長　山崎洋一郎

取材をしたインタビュアーであり、記事を掲載した編集長として、倫理観・真摯さに欠けるとして謝罪はしている。だが、事実と異なるところがあるという声明への返答はいっさいなかった。同社が小山田問題について言及したのはこれだけである。

一方で、『クイック・ジャパン』を出版した太田出版は七月十九日、まず社長の岡聡名義で「『Ｑｕｉｃｋ Ｊａｐａｎ 第3号』掲載の小山田圭吾氏記事についてのお詫び」を掲載。その後、『週刊文春』で小山田のインタビューが掲載された後に、記事のライターを務めた村上は、会社のホームページで、長文で謝罪文を載せた。

そこでは、被害者やその家族への謝罪はもちろん、記事を執筆するに至った経緯にも触れられていた。小山田については、〈現場での小山田さんの語り口は、自慢や武勇伝などとは程遠いものでした〉と記した。また記事の最後に同級生の沢田君の年賀状が掲載されているが、それについては〈「晒して馬鹿にする」という意図は全くなく、元記事全文の様々な文脈を経て終盤で語られる、Ｓさん（筆者注・沢田君のこと）と小山田さんの間にあった不思議な交流、友情の挿話に即して掲載されたものです〉としている。

News

Top　Philosophy　Company

2021/07/19

その他

ロッキング・オン・ジャパン94年1月号小山田圭吾インタビュー記事に関して

小山田圭吾氏が東京オリンピック・パラリンピックのクリエイティブチームの一員に選出されたことを受け、94年1月号のロッキング・オン・ジャパンに掲載されたインタビューで氏が話された中学時代のいじめエピソードが各方面で引用、議論されています。

その時のインタビュアーは私であり編集長も担当しておりました。そこでのインタビュアーとしての姿勢、それを掲載した編集長としての判断、その全ては、いじめという問題に対しての倫理観や真摯さに欠ける間違った行為であると思います。

27年前の記事ですが、それはいつまでも読まれ続けるものであり、掲載責任者としての責任は、これからも問われ続け、それを引き受け続けなければならないものと考えています。


傷つけてしまった被害者の方およびご家族の皆様、記事を目にされて不快な思いをされた方々に深くお詫び申し上げます。

犯した過ちを今一度深く反省し、二度とこうした間違った判断を繰り返すことなく、健全なメディア活動を目指し努力して参ります。


ロッキング・オン・ジャパン編集長　山崎洋一郎

「ロッキング・オン・ジャパン94年1月号小山田圭吾インタビュー記事に関して」と題した記事は、rockin'on groupの「News」ページにも掲載されている。

声明文が発表されてすぐ、私はたまたま知り合いだった『クイック・ジャパン』の編集長経由で、村上に取材の申し込みをした。すると翌日、すぐに返信があった。村上からのメールには、『週刊文春』での小山田のインタビュー記事を読んだとしたうえで、HPに個人名義で公開した文章が現在伝えられるすべてであるため、申し訳ないが取材は受けられない旨が綴られていた。

柴はこう解説する。

「ロッキング・オン社はメディアではありますが、他のメディアの取材をあまり受けない姿勢を取っています。今回のようなトラブルの時だけではありません。たとえば『ロック・イン・ジャパン・フェスティバル成功の理由を聞く』というような、ポジティブな企画であってもそう。今やフェスの運営が商売の根本にある以上、それにどう影響を与えるかが会社として重要。できるだけ火の粉が降りかからないようにしたいという思いが会社にあるのではないでしょうか」

私はこの取材をスタートさせてから何度か山崎に連絡を試みてきた。

「山崎氏はメールを送るとすぐに返事を返す人なんです。しかも、要点のみを端的に。いつも返事は数行です」

『ロッキング・オン・ジャパン』の特集の冒頭。「巧みな情報操作でスマートに泳ぐ小山田、だが、もはや許すまじ。」と強いリードから始まる。

そう語るのは山崎と親交のある、とあるアーティストだ。たしかに私の取材依頼も、翌日には返事が届いた。返事は数行で取材を受けることができない、その旨だけが書かれていた。

取材を一冊の本にまとめるにあたって、改めて山崎にメールを送った。

複数人の和光の同級生に取材をした結果、『ロッキング・オン・ジャパン』に記された内容には、事実と異なる点が含まれていると思われることを伝えた。特に「全裸でグルグル巻にしてウンコ食わせてバックドロップして……ごめんなさい」の部分がそうだ。それは本当に小山田が話したことなのか、それとも山崎が取材をもとに一部手を加えたのか、どちらだったのか。小山田や事務所関係者には話を聞いているので、このままでは一方の意見だけが掲載されることになってしまい、それは本意ではないこと。そこで立場上、難しいことは承知しているが、私の取材を受けていただきたいと記し、こう付け加えた。

〈今回、コーネリアスというひとりのアーティストが、山崎様が書かれた、同時に編集長をされていた雑誌のインタビュー記事が原因で炎上。ネットでの誹謗中傷、リアルに殺害予告が舞い込む事態に発展。あげくにすべての仕事を失うまでに追い詰められてしまいました。これだけの騒動になった以上、あのインタビューが掲載される経緯、そして事実を何らかの形で説明するのが編集長の役目ではないでしょうか〉

このメールへの返答も、翌日届いた。


昨日メールでお送りいただいた取材のオファーに関してですが、申し訳ありませんがご希望には沿いかねます。

何卒、ご了承いただけますようお願い申し上げます。

ロッキング・オン・ジャパン編集長　山崎洋一郎

彼からの返事は、やはり数行で終わっていた。

第6章

小山田　二十七年間の悔恨

しゃべってしまった責任

山崎に編集長として記事への責任があるとすれば、小山田にあるのは、しゃべってしまったことへの責任だろう。

仮に編集過程での誇張があったにせよ、そもそも小山田はなぜ、いじめについて露悪的に語ってしまったのか。二〇二一年九月、私は小山田にこう尋ねた。

「当時のことを思い出してほしいのですが、『ロッキング・オン・ジャパン』の取材の中で、なぜあのような露悪的な発言をしたのでしょうか？」

すると小山田はこう答えた。

「自分がかつて所属していたバンドが解散して、ソロ活動を始めた頃でした。思えば本当に浅はかで、愚かな考えなのですが、自分になんとなくついていたイメージ、キャラクターを変えたいという気持ちがあったのだと思うんです。それであえて際どいことや、露悪的なことを言ったりしたんです。決して武勇伝のような、自慢ではありませんでした。どちらかというと自虐的な感じだったと思います」

そしてこう続けた。

「当時はなかば『アイドル的』と言ったらアレですが、軽いというかポップというか、そういう見方をされていました。そこでそれに違和感があって、もっと深みのある方向にイメージを変えたかった。それであのような言い方をしてしまったのだと思います」

『ロッキング・オン・ジャパン』の発売直後のことだ。小山田は雑誌『音楽と人』（一九九四年三月号）の取材で、次のような発言をしている。

「こないだやった自分のインタヴューなんか読むと『中学時代は人にウンコ食わして、バック・ドロップしてた』なんていってて、渋谷系の人とか、純朴なオリーブ少女にも『ええーっ！』みたいになっちゃっててさ。もう全然だめですよ、僕なんか（笑）」

――ははは。でも、当然そういう露出の仕方には小山田さんの方にも責任はありますよね。

「いや、もちろん。思いっ切りあります」

――是正していこうとか思いませんか。

「だけど、この『音楽と人』でも何でも、雑誌だったらインタヴュアー個人の視点とか論点とかがあるからさ。だから、ああいう記事は、ああいう記事で別にいいし。それに、もし僕がこう思っていったことが、載る時になったら全然違う形になってたって雑誌があったとしても仕方ないかなって思う。フリッパーズ・ギターやってた頃は、その辺のズレを計算に入れて、インタヴュアーが書こうとしてることと、僕らの思ってることと、記事になった時その中間ぐらいの内容になるように考えて喋ってたんだけど。でも、今は何も考えずに思いついた事そのまんま喋っちゃってるし」

このインタビューで小山田は自身が「渋谷系」や「オリーブ女子」のようなファン層に支持されていたが、「いじめ」について語ってしまったことで、自虐的に「もう全然だめですよ、僕なんか（笑）」と述べている。山崎や『ロッキング・オン・ジャパン』への直接的な恨みはここでは見えてこないが、語ってしまったことを悔やんでいるということは伝わってくる。

一方で、小山田は自らの責任のもとで発言をしていたとも語っている。しかもそれをかなり意識的にしてきたことも明らかにしているのだ。

後年、小山田が私に語った「軽い」「ポップ」な見方。そのイメージから脱却したかったから、あのような発言を、小山田はしてしまったのか。

牧村はこう語る。

「小山田君は、サブカルチャーが好きだったんですよ」

「彼の中には、カルトとかインディーズとか、サブカルチャーに対する憧れの蓄積があったんだと思うんです。だから、『ロッキング・オン・ジャパン』はもちろんのこと、『クイック・ジャパン』という媒体は、身近な存在の雑誌だったんです」

当時の『クイック・ジャパン』は、露悪趣味満載のサブカル雑誌だった。小山田のインタビューが掲載された号のグラビアページには、今では考えられないが、新宿アルタ前の歩行者天国で撮影した一般人の全裸写真が載っている。特集は伊豆で行われたレイヴパーティーへの潜入記事。そのほか、ハルマゲドン、オウム、最終戦争などの文字が並ぶ。そして、表紙は真っ赤な帽子を被り、漫画家・藤子不二雄Ⓐ作のホラーマンガ『魔太郎がくる!!』で顔半分を隠した小山田の無表情な写真が使われている。小山田も私の取材の際に、サブカル好きを認めていた。

「自分もサブカルに興味を持っていました。当時でいうとタブーとして世の中で扱われていることに、『実際はどうなんだ?』と思っていました。実際、『クイック・ジャパン』は、取材を受けるまでに、いくつかの号を読んでいました」

ファンの間では、『ロッキング・オン・ジャパン』、『クイック・ジャパン』という二つの雑誌が世に出るタイミングで、コーネリアスの音楽は大きく変わったと言われている。フリッパーズ・ギターのイメージを裏切らない、ファーストソロアルバム「ファースト・クエスチョン・アワード」の発売が一九九四年二月。その翌年の一九九五年十一月、小山田は一転してヘビーメタルをモチーフとしたセカンドアルバム「69/96」を発売している。この時、小山田は悪魔風のメイクにヘアバンドを着け、ロックギターをかき鳴らした。CDの解説文には「実験的な要素が盛り込まれたコンセプトアルバム」とある。この変化を、牧村はどう見ていたのだろうか。

「ファーストアルバムは、フリッパーズ時代のパブリックイメージそのもの。ポップな作品でした。ただ、セカンドアルバムでは急にハードな仕上がりの作品になった。小山田君がヘビメタをやること自体は不思議ではないんです。もともと彼はギター少年で、ソロデビューをしたことで、本当に自分がやりたい音楽を押し出してきたのだなと思っていました」

ただ、牧村は小山田がいくら演出で取り繕っても、「本当に悪を演じるつもりは

『クイック・ジャパン』の表紙。
小山田が藤子不二雄Ⓐの『魔太郎がくる!!』を持つ。

絶対になかったし、できなかっただろう」と語る。むしろこの頃の小山田を見ていると、逆にポップに見えたというのだ。

「自分の新しいキャラクターを作るために、インタビューで意図的に露悪的なことを告白したというのは、僕は違うと思います。というのも、彼は性格的に絶対に悪にはなりきれないまじめな人なんですよ。だから、あの二つの雑誌でのインタビューは、単純に相手を信用して迂闊なことをしゃべってしまった。そして、じゃれ合っている相手が、これは〝おいしい〟って利用しただけなのではないかと思う」

小沢を意識しての発言だったのか

「いじめについてあのタイミングでしゃべってしまったのは、小沢君との関係も影響しているんじゃないかな」

そう語るのは、小山田とも小沢とも仕事をしていたある音楽関係者である。

「当時、小山田君は焦っていたのではないかと思うんです。フリッパーズを解散してから、小沢くんは一足先にファーストアルバム『犬は吠えるがキャラバンは進む』を一九九三年九月にリリース。その翌年、ヒップホップグループ『スチャダラパー』

と組んで作った『今夜はブギー・バック』が大当たり。そして今でもファンの間で名盤と語り継がれる『ＬＩＦＥ』をリリース。一気に日本の音楽シーンでスターダムにのし上がっていった」（同前）

当時、日本は一九八五年から続いたバブル景気が崩壊。地価や株価の下落、未曽有の不景気となり、企業や社会に大きな苦難が訪れていた。

『今夜はブギー・バック』が作られた頃、小沢は通称「ブギーバック・マンション」にいた。当時スチャダラパーのメンバーも同じマンションの一室に住んでおり、ここがブギーバック・マンションと呼ばれるようになったのだ。

じつは私も以前、このマンションの、小沢と同じ部屋に住んでいたことがある。四十平米ほどの天井の高いワンルームの部屋だった。小沢のセカンドアルバム「ＬＩＦＥ」に収められている「ぼくらが旅に出る理由」のミュージックビデオは、その部屋で撮影されている。同じく「愛し愛されて生きるのさ」は、このマンションの屋上で撮影されていた。

ブギーバック・マンションは東京タワーへと続く目黒通り沿いにあり、銀杏並木が続いている。まさに小沢の「いちょう並木のセレナーデ」の舞台そのものだ。フリッパーズ・ギターを解散した小沢は、この部屋でギターを弾き、誰もが知る「オザケン」へと変貌してゆくのだった。

小山田と小沢は似ている点もあれば、好対照な点もあった。

共通点のひとつは、彼ら二人が「芸能一家に生まれた」ということだ。だが当時、二人とも、あまり明かしたくないと考えていたという。

ある時、レコーディングスタジオで、小山田がギターで曲を弾いていた。誰かがこう尋ねた。

「マヒナスターズの『お座敷小唄』だね」

するとと小山田は答えた。

「うちの父なんです」

周囲の誰もが「えっ」と驚いた。すると小山田はこう答えたという。

「僕、三原の息子です」

デビュー当時、小山田は自分がマヒナスターズの三原さと志の息子であることを、世間に知られるのを嫌っていた。当時、取材を受ける時、「家族のことには触れない」のが暗黙のお約束だった。小沢の叔父さんは、あの日本を代表する指揮者である小澤征爾だ。やはり、小沢も取材で自分の出自に触れることを嫌ったという。

対照的だったのは、そのキャラクターだ。じつは和光学園の関係者に取材をすると、小山田よりも小沢の話で盛り上がることが多かった。小沢は優等生で生徒会に立候補するなど、学年でも特に目立った存在だったこともあるだろう。頭が抜群によく、歌詞も、小説も書くことができる。

一方の小山田は、センスの塊だった。ギターはもちろんのこと、ずば抜けていたのがファッションセンスだ。フリッパーズ・ギターが売れたのは、その音楽性だけではない。もうひとつの武器がファッションで、担っていたのは間違いなく小山田だった。じつは小山田はまだ無名の時代、やがてフリッパーズ・ギターとして連載を持つことになる『ＰＯＰＥＹＥ』（一九八六年十一月十九日号）に、お洒落な若者のひとりとして取り上げられているのだ。

恥ずかしそうに目線を外し、やや下を向いている小山田の写真には「ピエロカラーのブラウスに、男の子エッセンスをひとふり。」との見出しが付けられている。そこにこうキャプションが添えられている。

「小山田圭悟《ママ》くん（アルバイト中、18歳）女の子だけのアイテムだと思っていたロマンチックなピエロカラーのブラウスを、しっかり自分のものにしている小山田くん。ハードな革ジャンや、ボロボロジーンズと組み合わせて。このおしゃれセンスには脱帽です！」

　それと比べると、小沢のファッションといえば、例えれば「ボーダーシャツに紺のジャケット」。極めて〝普通〟の感覚だった。牧村が言う。

「彼らは当時の若者が望んでいたキャラクターをそれぞれ演じていました。小沢君は言うまでもなく、頭がよく、優等生という役割。正義感と自己愛の塊で、自分と自分のグループ愛しかないんです。一方の小山田君は『あのグループさあ、デビューさせてあげたいんだけど相談乗ってくれないですか』という感じで、自分の周囲に対する気遣いがある。つまりプロデュース能力があった。そして何よりファッションリーダーになるセンスを持ち合わせていた。小沢君は自分が褒められることがうれしいが、小山田君はあえてやんちゃを振りまく。そして、演じる。余計なひと言を言うのは小山田君で、『小山田、今のひと言は余計だよ』って茶化すのが小沢君でした。この絶妙な掛け合いは見事でしたね」

　二人をよく知る関係者たちは、二人は「永遠のライバル」だと口を揃えて言う。牧村は、仲がよかっただけに、小山田は解散しても、小沢のことを意識せざるをえなかったのだろうと断言する。

「小山田君は小沢君のソロデビューを記念して行われた日比谷公園大音楽堂（通称・

野音）のライブを内緒で見にいっていたんです。ライブから帰ってきて、最初のひと言が『アイツ、普通になっちゃった』でした。その批評が正しいか、正しくないかはわかりません。いずれにせよ意識をせざるをえない相手だった。もちろん、小沢も激しく意識していたと思いますよ」

そして小沢は屈託のない笑顔と飄々とした王子様キャラで、「オザケン」として音楽番組で引っ張りだこになっていった。前出の音楽関係者が言う。

「同時期に、小山田君は『ロッキング・オン・ジャパン』と『クイック・ジャパン』でいじめ語りをしていますが、明らかに時代の空気とは逆行している。小山田君がやりたかった音楽は、小沢君とはまったく方向性が違った。小山田君が意識していたのは、フリッパーズ・ギター時代に自身に付いていた、ポップなキャラクターではない。むしろ、明るく陽気なキャラで成功した、以前の相方だったのではないかと思うんです」

何度もあった訂正・謝罪のタイミング

二〇二一年のあの夏以降、私は小山田に幾度となく取材をしてきた。時間の経過と心境の変化はあったものの、何をやっていても彼の胸に去来するのは、「あの時、なんで、やってもいないいじめをおもしろおかしく、ネタのように語ってしまったのか」という後悔だったという。

小山田には小山田なりの「語ってしまった理由」があるのだろう。だが、「そうか、なるほどなぁ」と全面的に首肯できるものではなかった。高橋や岡など、事務所の関係者も、どちらかと言えば私と同じ心境だったに違いない。「なんで小山田はあんなことを語ってしまったのだろう」という問いは、身内でもその答えがわからないでいた。

ただ、本人も周囲も、この騒動について諦めきれないのは、これまでに何回か、炎上の芽を事前に摘むチャンスがあったからだ。それを見過ごしてしまったのは、本人だけでなく、アーティストを支える立場の事務所の、危機管理体制の問題もあったと言えるだろう。

最初のタイミングは雑誌の発売直後だった。

発売後、小山田は、事実ではないことを書かれたという認識もしていた。後悔していたからか、複数の媒体で『ロッキング・オン・ジャパン』のインタビューについて言及している。しかし、「訂正」や「抗議」をするまでには至っていない。

完成した雑誌を見ていた櫻木、岡ら事務所関係者も、山崎に「やられたな」という認識はあった。しかし、直接、訂正や抗議を申し入れる発想はなかったし、本人からもその相談は受けていなかった。

当たり前のことではあるが、二誌が発売された時点では、ＳＮＳはおろか、インターネットさえあまり普及していなかった。当時、雑誌は「読み捨てるもの」にすぎなかった。まさか、二十年以上の時を経て、ネット上に晒され、ＳＮＳによって全世界に拡散するなど、想像すらできない時代だ。

今回、取材をした雑誌関係者に、当時、もし自分が掲載前の原稿を読んだとして、当該のいじめ記述の部分にストップをかけることができていたかと尋ねた。全員が「スルーしただろう」と回答した。

『ロッキング・オン・ジャパン』は、同号の「場末のクロストーク」というコーナーで、山崎のインタビューを、編集部の人間がこう持ち上げている。

〈いやあ、今回の2万字インタヴューのイジメ話、ロープでぐるぐる巻きにしてオナニーさせてウンコ食わせたというくだりを読んで、私初めて小山田を見直しました〉

編集部としても、あのインタビューは「してやったり！」という手応えを感じていたのだろう。おそらく小山田側が抗議なり、訂正要求なりをしても、雑誌側が対応したとは考えにくい。

炎上回避の次のチャンスは二〇一一年、小山田がＮＨＫ Ｅテレの『デザインあ』の音楽担当に就任したタイミングだった。

この数年前から「5ちゃんねる」やコーネリアスのファンが運営するサイト上で、あの「いじめインタビュー」が話題にあがっていた。そして「孤立無援のブログ」が「小山田圭吾における人間の研究」という記事をアップしている。インターネット上では「小山田＝いじめ」という認識がなされるようになっていた。

第二章で触れたように、コーネリアスが『デザインあ』番組の音楽担当に抜擢された当時、視聴者からＮＨＫにメールで問い合わせがあった。

メールには、「小山田が過去に同級生をいじめていた事実は本当なのか」「本当であるならば、この番組の音楽担当に相応しい人選なのか」などの内容が綴られていた。そして「孤立無援のブログ」のリンクも添付されていた。

この話はＮＨＫの担当者からマネージャーの高橋を通じて、小山田に伝わった。番組の上層部の人間を除き、このことは誰も知らない。

『デザインあ』の音楽担当の話が舞い込む前、小山田はアーティストとしてさらに開花していた。二〇〇八年、三十九歳になっていた小山田は、世界でもっとも権威のある「グラミー賞」にコーネリアスとしてノミネートされた。日本国内だけでなく、世界でもその名は知られるようになっていた。

ＮＨＫへの視聴者からの問い合わせは、順風満帆だった小山田に降って湧いたスキャンダルの種だった。初めて雑誌の内容を知った高橋は、面食らった。何しろ自分が知っている小山田像からは想像できない内容だったからだ。経緯を聞いた高橋は、ＮＨＫの担当者のもとを訪ねて、次のように経緯を説明した。

・発売前の原稿確認ができなかったため、事実でないことが、あのインタビューには多数含まれている。

・同級生に排泄物を食べさせたり、自慰行為をさせたりはしていない。また、それを示唆や強要をしたといった事実はいっさいない。

・同級生に対する暴力やいじめ行為は、自分がやったのではなく、その現場に居合わせてしまった。その目撃談を語ってしまった責任を、本人は痛感している。
・知的障がいを持つ生徒について、「障がいがあることを理由に陰惨な暴力行為を長年にわたって続けた」という事実はない。

そして担当者は上層部に報告。ＮＨＫは小山田の番組続投を決定する。

ＮＨＫはこの時、問い合わせをしてきた視聴者に、高橋から聞き取りをした内容を、丁寧に伝えたそうだ。その説明に納得したのか、その視聴者から再度、問い合わせがくることはなかった。幸か不幸か、週刊誌などメディアへの情報提供によって、記事化されることもなかった。小山田と事務所は胸をなで下ろした。ＮＨＫとしても、世間に番組が高く評価され、制作も順調だったこのタイミングで、スキャンダルが公になることを望んでいなかった可能性もあるだろう。

小山田と事務所がこのタイミングで、事実を公表し、謝罪と説明をしていればどうなっただろうか。もしかしたら二〇二一年夏のような、大きな炎上騒動は、回避できたのかもしれない。

だが、彼らがそうすることはなかった。小山田が言う。

「このブログ記事が出てから、自分の気持ちの中に、ずっと重くひっかかっていました。NHKに、視聴者からの問い合わせが来ていることは僕も認識していたのですが、それを自分自身がどう対処してよいのか判断ができませんでした。自分から取り上げることで、逆に大きな話題になってしまうのではないか。正直、恐怖がありました。だから、NHKの方を通じて視聴者の方に、『事実と違うことが含まれている』。そして『自分は今ではまったく違う価値観で仕事をさせてもらっている』などの気持ちを伝えました。今にして思えばあのタイミングで公にして、自分の言葉で説明すべきだったと思います」

二〇一八年に弁護士から「放置すべきではない」

この後も別の視聴者から同様の問い合わせがNHKに寄せられた。二〇一七年のことだった。

それは二〇二一年七月二十一日、NHKの定例会見で、正籬《まさがき》聡《さとる》放送総局長と担当者が公表している。この会見は小山田がどのような経緯で『デザインあ』を降板することになったのか、その理由を尋ねようと多くのメディアが集まっていた。

そして記者が会見の中で、「『デザインあ』では、二〇一七年頃に視聴者から今回のことが問い合わせであったという情報がある。これは事実か。そのときは継続したなら、その理由を教えてください」と聞いたのだ。このときの情報というのは、掲示板サイト「ガールズちゃんねる」に投稿されたものだと思われる。この情報というのは、掲示板には、「2017年6月30日（金）ＮＨＫにメールした　だって、我が子が見てる番組に、こんなイジメの犯罪者みたいな人にかかわってほしくない！」との書き込みがあったのだ。

この時、正籬の回答が要領をえなかったため、かわりにＮＨＫ担当者が会見でこう答えた。

「二〇一七年のネットに出回っている話でありますが、それは対応した事実はありまして、その方があげられたものですが、経緯としては、それより前に問い合わせがあったときに、事務所の関係の方から説明を受けて、ご本人が重々反省している、後悔しているなどの話を聞いて、記録があまり正確ではないところがあるが、正確にどのような説明がされたという詳細はわからないが、ご本人が反省していらっしゃるという話を聞かれたような状況で、当時はその説明を受け入れたと聞いております」

そして記者が「当時と今回とで対応が変わった理由は？」と尋ねると、正籬はこう回答した。

「今、この東京五輪パラで我々は多様性を認め合い、共生社会を実現していくということがひとつのレガシーになるのではないかと考え、放送もそういう方向に向かって具現化していく、そういったことを実現していきたいと考えている。そういう中で、今回そういう判断をしたということ」

二〇一七年の問い合わせについても、ＮＨＫは視聴者に対応。そして前例を踏襲し、放送を継続した。

小山田がいじめを語ってしまった雑誌記事は、フリッパーズ・ギターを知らない世代にも浸透しつつあった。「小山田＝いじめ」という言説は、実社会で小山田が露出すればするほど、若い世代にも広まっていった。マネージャーの高橋は強い危機感を抱くようになっていた。

そして高橋はついに二〇一八年、初めて弁護士に相談をした。きっかけとなったのは、動画サイト上に公開された動画だった。「孤立無援のブログ」を元ネタにして作られた動画で「いじめをしていた芸能人」を告発するものだった。動画には他のサイトからコピペしたと見られる、小山田の写真がいくつも掲載されていた。

高橋がこの動画を発見したのは、公開されてまだ四日目だった。驚いたのは、この時にすでに再生数は「八十万回」を記録していた。目を疑った。あれよ、あれよという間に増え、一カ月後には再生数は「百二十万回」にまで膨れ上がっていた。動画のコメント欄には数千を超える意見が書き込まれ、ほぼすべてが小山田を罵倒する内容だった。

恐れていたことが現実になりはじめた。この頃から、コーネリアスが大きな仕事に関わると、クライアントに対して、一般の人からのクレームが発生するようになっていたのだ。そのたびに高橋はクライアントのもとに出向き、事情を説明した。

「小山田が自分で話してしまったことなので、いわば自業自得ではあるのですが、こうしたブログや動画が原因で、決まりかけた仕事が流れてしまうこともありました。このままでは音楽活動に支障がでてしまいかねない。その思いから初めて、この件を弁護士に相談しました。すると『これは放置すべきではない』と言われました」

高橋はすぐに小山田に報告をする。

しかし、この頃になっても、小山田は「今このことを公にすると、かえって騒ぎが大きくなるのではないか」という恐怖に囚われていた。このまま多くの人に知られないのであれば、そのほうがいい。そう考え、弁護士の意見に従うことはなく、世間に謝罪・説明する案は見送られてしまった。

小山田は怯《おび》えていた。彼にとって雑誌記事は、「喉に刺さってとれない棘」のようなものだった。結果的にこれが最後のチャンスだったが、その棘を抜く勇気は当時の彼にはなかった。

小山田が活躍すればするほど、「過去」もまた拡散していった。そして、いつ爆発してもおかしくない状況になりつつあった。そして最終的に、二〇二一年の大炎上の夏を、迎えてしまうのだ。

小山田事務所と山崎の水面下での交渉

ここで、初めて明かせる事実がある。炎上騒動が勃発した後、じつは『ロッキング・オン・ジャパン』の山崎と小山田の事務所メンバー数人で、水面下で話し合いをしていたのだ。日時は二〇二一年八月三十日。小山田が五輪音楽担当を辞任し、世間の目を逃れるように、表舞台から姿を消した数週間後のことだった。集まったのは山崎と、小山田事務所の社長の岡とマネージャーの高橋、そして元ポリスターの櫻木だった。話し合いの目的は「騒動の沈静化」と「小山田の名誉回復」だったと、高橋は明かす。

「小山田に対するバッシング、誹謗中傷によって音楽活動そのものができなくなり、事実上の謹慎状態に追いやられていました。それはそれで仕方ないとして、どうしても納得がいかないのは、事実と異なることを書かれて、それが原因でこうなったということです。だから、なんとかこの状況を打開したいと思ったのです」

小山田と山崎は、約十五年ほど一緒に仕事はしておらず、普段から個人的に連絡をとる間柄でもなかった。高橋は小山田とも相談のうえ、この局面をなんとか打開できないかと連絡を試みることにした。手元に山崎のものらしき電話番号があったが、この番号で本当につながるのか疑心暗鬼だった。それに、山崎がこの電話を取って、話をしてくれるのかもわからない。何しろ炎上騒動後も、彼から連絡はなかったからだ。

「三コールで山崎さんは電話をとってくれました。お久しぶりですから始まって、事情を説明して、これからどのように対処をしていけばよいのか相談したいと伝えました。当時は事務所の人間も追い詰められていて、藁にもすがる思いでした。山崎さんに抗議したいとか、何か物申したいという気持ちはまったくなく、どうしたらこの状況を打開できるか相談に乗ってほしい。そんなスタンスでした。事情を説明すると山崎さんは、『すぐに会いましょう』と言って、電話を切りました。会ってくれるとわかった時、少し気持ちが楽になりました」

数日後、三人は約束の場所に向かった。会議室に通されると、すぐに山崎がひとりで入ってきた。久しぶりに会った山崎の印象は変わらず、物静かな語り口で淡々としていた。

挨拶もそこそこに、高橋は小山田が置かれている今の状況を説明した。匿名の不特定多数の人物からのバッシングが続いていること。マスコミに会社や自宅が囲まれて、通常の生活ができない状況に追い込まれていること。脅迫の電話、メール、ハガキが舞い込んでいること。殺害予告まで届いて、警察が動き出す騒ぎにもなっていること。そして、音楽と向き合うことができなくなっているということ。

そのうえで、高橋は山崎に聞いておきたいことがあった。それは炎上騒動の発端となった『ロッキング・オン・ジャパン』のインタビューのことだった。

「小山田はやっていないのに、自分がやったかのように書かれてしまっていることに対して、僕はどうしても納得できないんです。わざわざ捏造するような内容ではないので、おそらく、小山田はしゃべってしまったんだと思います。ただ、私が知っている小山田は、性格的に話したとしても、自分がやったわけではない、ということも話したんじゃないかなと思うんです。それを編集の段階で、まるで彼本人がやったかのように悪意なく書かれたのではないか。そこをどうしても確かめたかった。というのも、本人は私がこの事実を知り、説明を求めて以降、一貫して自分がやったとは話していないと言っているんです」

高橋が「当時のテープはあるんですか?」と尋ねたところ、山崎は「ない」と明言したうえでこう続けた。

「当時のことはよく覚えていますよ。わりとこういう話をしていたんですよね。おもしろおかしく……」

事実の認識が、双方で真っ向から異なっていることが判明した瞬間だった。そのうえで山崎は自分が置かれている状況を説明した。

「私のもとにも(クレームが)すごいですよ。会社にいることもできない。電話も数えきれないほどかかってくるし、当然、ネットに実名が出ていますので。私はともかくとして会社のダメージが大きくて。当然、なんとかしたいですが……。どうすればいいのか、毎日のように考えているけど」

彼の言い分は「私は小山田君がしゃべったことをそのまま掲載しただけで、私には責任がない。それに、私と会社だってたいへんな目に遭っているんだ」と聞こえなくもない。そんな言い草に、突き放された格好の高橋たちだったが、原因の発端は小山田にあるので、山崎ばかりを責めることはできない。かといって、「そうですか」と言って引き下がることもできない。高橋が気になっていたのは、やはりあの見出しだった。

「山崎さんが書かれたインタビューは、時代も内容も違ういくつかの話が混在している。しかも、誰がそれをやったのか、主語の部分が抜けて曖昧になっていることで、すべて小山田がやったようになっている。しかも、この『全裸でグルグル巻にしてウンコ食わせてバックドロップして……ごめんなさい』の見出しですから、より小山田が凶暴で凶悪な人物のように描かれている。この部分は訂正をしないといけないと思っているんです。小山田はやっていないと言っているわけですから」

会議室には重苦しい空気が充満していた。山崎の口数は少なかった。山崎はやりとりのなかで、今でもアーティストサイドに原稿チェックはさせていない、と明言したという。

会議に臨んだ小山田事務所側の本音は、次のようなものだった。

「『ロッキング・オン・ジャパン』が一方的に悪いとは当然思っていない。山崎は小山田にとって恩人であり理解者だから、今さら抗議をするつもりもない。ただ、原稿チェックをさせてもらっていない以上、本人が『事実と異なる部分がある』と説明をしている以上、その部分については訂正を含めなんらかの対応を取ってもらえないか。小山田の音楽生命に関わることだから、そこは何か助け船を出してもらえないだろうか」

助け船の具体的な手法については、正直、なんでもよかった。それも含めて山崎に相談したかったのだ。

高橋は会議の中で、今後の事務所の方針を打ち明けていた。それは、しかるべきタイミングで、一連の騒動について改めて文書で経緯を説明・謝罪し、小山田の言葉で今後の音楽活動について説明するという内容だった。日程については、パラリンピックが閉幕してすぐのタイミングを想定していた。事務所としては、できるだけ早いタイミングで文書を発表したいと考えていた。

しかし、このプランを聞いた山崎は、否定的な見解を示したという。

「もし、意見を求められるならば、今、このやり方でよい方向に行くとは思わない。このタイミングで、自分の主張をすれば、必ず状況は悪化する。ひと言で言うと『早すぎる』と思います」

これに岡は、やや声を荒らげて反論した。

「このまま沈黙していれば、今回の炎上騒動のことなんかやがて世間は忘れて、落ち着くよ。けど、小山田はこの先、仕事をしなきゃなんないいんだよ」

しばしの沈黙の後、山崎はこう返した。

「本人が訂正したいということよりも、もう一度、反省して詫びることが必要なんだと思います。被害者に対して。今置かれている状況が理不尽だという小山田君の気持ちはわかるのですが、今はその時期ではない。今、小山田君を叩いているのは、小山田君の音楽を支持している人ではない。僕としても今は違うんだと思います。早すぎる」

どの選択が正しいのかは、もちろん誰もわからない。また、こうなった以上、誰も小山田が無傷ですむとも思っていなかった。再びその場に沈黙が続いた。高橋は山崎が思わずこぼしたひと言に、彼の本音を垣間見たような気がしたという。

「我々もここまでダメージを受けているので、（小山田君を）守りようがなくて……」

結局、最後まで両者は歩み寄ることができなかった。山崎はあくまで「小山田君がしゃべったことを、そのまま掲載した」と語った。そして今、やらなければならないのは、小山田の被害者への謝罪だと言い続け、自分が何らかの助け舟を出すという考えが提案されることはなかった。

小山田は雑誌発売直後から、事実と違うことを書かれたと認識していた。事実確認ができなかった原稿が、そのまま世の中に出てしまった。小山田の責任でもあるが、編集長である山崎にも責任の一端はあるのではないか。そうであるならば、訂正を含む、なんらかの措置をとってもらえないか。高橋たちはそう山崎に頼んだが、このやりとりは結局、堂々巡りにしかならなかった。結局、いまだに小山田側と山崎の見解の違いは埋まらないままだ。

高橋は当初、この事実を私に打ち明けるつもりはなかったと振り返る。

じつは小山田サイドが山崎に秘密裏で接触してきたことを、私はロッキング・オンの関係者から、こう聞いていた。

「小山田の事務所の人間が会社に殴り込みにきたみたいですよ」

殴り込みとは穏やかではない表現だが、山崎サイドからしてみれば、そう見えたのだろう。そう言われていることを聞いた高橋は、同社の対応を諒とせず、一部始終を打ち明けたというのだ。

第5章で記したとおり、私は山崎にこれまで取材した内容について、事実確認をしたいと複数回、連絡をしている。だがいつもメールを送った後、数行の事務的なお断りの返信があっただけだった。

今、小山田は山崎に対して何を思うのか

今も小山田は、山崎を攻撃するような発言はしていない。ただ、本当に「事実と違うこと」を書かれたのであれば、その気持ちを素直に山崎に伝えればよかったのではないかと思わざるをえない。そのタイミングはこの二十数年の間、何百回もあったのではないだろうか。何しろ山崎は小山田の音楽のよき理解者であり、その程度のことは直接、抗議してもお互いの関係に、なんの影響もなかったのではない

か。この疑問は、小山田の友人、知人の多くが共有していた。

だが小山田が山崎に言ったのは、雑誌発売直後の山崎と一緒に出たトークショーで、ファンを前に「あの日の僕は、どうかしてたんです(笑)」「読んでもいいけど、あんまり信じないように(笑)」と発言したこと。そして『ロッキング・オン・ジャパン』の次号で「僕こないだのインタヴューに、少し後悔してるところがあります(笑)」と発言したことぐらいである。ほかの雑誌でもインタビュー内容に言及したことはあるが、決して山崎に対して批判的なことは口にしていない。


私は、何度も話を聞くにつれて、小山田は「そういう性格なのだ」とも思えてきた。というのも、およそ二年間の取材の中で、一度も彼の「怒り」に触れたことはなかったからだ。彼から様々な話を聞いたが、あまり感情の起伏が見えないのである。すべての怒りを、自らの内に「受容」しているように見えた。

和光中学時代の同級生で、今も親交のある友人は、小山田について、「自分よりも相手を優先する人ですね」と語った。

「小山田君は昔から、自分のことには無頓着で、自分よりも相手のことを気遣う性分なんです。自分からむやみに人の間合いに踏み込むようなことはしない。けれども、自分を理解してくれる人には、心を開くということではないのですが、自分にできることはなんでもやってあげる。『いいヤツ』なんです。あのインタビューもいじめのことにかぎらず、自らいろいろと語っていたんでしょうね。どうすれば、目の前の人が喜ぶのかがわかっているから。だから時には、そのある意味での『人のよさ』であったり、仕事上の『リップサービス』が、裏目に出てしまうこともあるんでしょう」

同級生の話を聞きながら、たしかにそうかもしれないなと、膝を叩く思いだった。そもそも、本人としては気乗りしなかった「東京五輪２０２０」で音楽担当を引き受けたのは、五輪そのものへの憧れでも、地位や名声でもなんでもない。単にお世話になっていた友人からのたっての頼みに応えたものだった。炎上して家に帰れなくなってもなお、しばらくは、無事に五輪の開会式が開催されるために自分は耐えるしかない、と考えていたほどである。

この友人は、フリッパーズ・ギターで人気者になり、その後、コーネリアスとして国内外の大舞台で活躍するようになっても、本人の性格は中学、高校時代と変わらないんですよねと語った。

「頻繁に会っているわけではないのですが、数年ぶりに会っても、小山田は小山田なんですよね。ある時、和光の同級生でバンドやっていた仲間が、若くして亡くなってしまったことがありました。その同級生の三回忌を、ライブハウスを借りてやることになって、小山田にも声をかけたんですね。ミュージシャンとして、一番、忙しい時代だったと思います。でもわざわざ飛んできてくれて、ギターを弾いてくれたんです。その時、弾いたのが、亡くなった同級生が好きだった近藤真彦の曲でした。『前日はオノ・ヨーコさんと、翌日はＹＭＯとライブだ』と言っていました。きっといろいろなスケジュールの調整があったと思いますけど、自分よりも他人を優先してくれる奴なんです」

そして今もなお小山田が山崎に対して恨み節を口にしないことについて、こう述べた。

「今回の炎上騒動も、小山田が山崎さんに対して怒りの感情をぶつけないのは、結局のところ、『自分がきっかけで山崎さんにも迷惑をかけている』という思いがあるからじゃないんですか」（同前）

実際、山崎に対しては、小山田よりも、周囲の人間たちのほうが明らかに憤っていた。炎上騒動があった後、小山田も了解のうえで、山崎とコンタクトを取っていた事実は、何度か会っても本人からは聞いたことがなかった。岡や高橋から打ち明けられて、私も初めて知った。つまり、この期に及んでも、どこかで小山田は山崎を守ろうとしていたのではないかと思う。

小山田に「今、山崎に対して何を思うのか」と聞いた。

「特別、何も思わないというか、彼に怒りを覚えるような気持ちも、今はありません。やっぱり、僕が悪かったと思っています。ただ、こんなことにならずにすんだ選択もあったのも事実でしょう。なんでこうなってしまったんだろうと、ずっとこれからも考え続けるのだと思います」

おわりに

「幕が下りる直前まで怖かった」

「あー、あー、マイクチェック、あー、あー、聞こえますか?」

暗闇に響く小山田圭吾の声は、心なしか震えているようだった。

二〇二二年七月三十日、新潟県湯沢町にある苗場スキー場で「FUJI ROCK FESTIVAL'22」が開催された。新型コロナウイルスの影響で出演を取りやめたアーティストも相次いだ、日本最大級の野外ロック・フェスティバルの二日目の夜のことだ。炎上事件の後、ぷっつりと消息が途絶えていた小山田の復活のステージを一目見ようと、数万人のオーディエンスが詰めかけていた。昨年も出演する予定だったが、直前にキャンセルとなっていた。この年、小山田は四つあるステージのうち、WHITE STAGEのメインであるヘッドライナーとして登場した。

やがて、舞台上に張られた幕に、四人のメンバーの影が大きく映し出され、「Cornelius」の文字が浮かびあがる。そして、切って落とされた幕の向こうに、サングラス姿の本人が登場すると、会場からは地鳴りのような拍手が沸き上がる。その残響は、周囲の山々へと、広くこだましていった。歌は「Point Of View Point」。同曲が収録された二〇〇一年のアルバムから、小山田は映像作家の辻川幸一郎と組んでいる。

「これがコーネリアスか……」

実際に目にするアーティストとしての小山田のステージは、圧巻のひと言だった。華奢な体軀で奏でるエレキギターから紡ぎ出される音は、想像以上に強靱で、まるで音の礫《つぶて》のようだった。彼の音楽性を評論できる言葉を私は持ち合わせていなかったが、印象的だったのは、ファンはもちろん、国内外のアーティストや音楽関係者が、小山田の復活を心から祝福するように楽しんでいたことだ。なかには、涙を流している観客もいた。

演奏の一時間ほど前、私はステージの隣に設けられた楽屋代わりのテントに招かれていた。舞台衣装に身を包んだ小山田を中心に、コーネリアスのメンバー、小山田の事務所関係者、そして家族が談笑していた。手元には仕事道具のエレキギターがあり、時おり、その弦をつま弾くような仕草を見せる。炎上の真っ最中に会った時は、表情も硬く、頬骨の肉が極端に落ちて見るからにやつれていたが、この日は顔色もよく、本番前にもかかわらず仲間と冗談を言い合う余裕さえあった。

スタッフのひとりは「ライブの前は、いつもこんな感じですね」と言う。ただ、和やかな雰囲気の中にも、どこか緊張の糸が張り詰めていて、これまで私が対峙してきた小山田からは感じることのなかった、プロのアーティストの凄みを感じた。

小山田は音楽活動を自粛せざるをえなかった一年間の鬱憤を晴らすかのように、新曲も含め十七曲を演奏した。フィナーレではトレードマークであるサングラスを取って、オーディエンスに「ありがとうございます」と言って深々とお辞儀をした。小山田の顔に射す光の陰翳は、集中力に富んだ眼差しの奥に潜む、ハンターのような凄みを浮き彫りにしていた。


後日、あの日のライブを小山田はこう語った。

「いや、本当は幕が下りる直前まで怖かったんです。演奏中に、ペットボトルとか石とかを投げ込まれやしないかと、想像したほどでした。自分が本当に復帰していいのか。音楽を届ける立場であっていいのか。何かを表現できる立場なのか。この一年、ずっと考えていましたから」

それに……と小山田はこう続けた。

「数日前までライブができる状態ではなかったのです。じつは背中の筋肉が剝がされるような強烈な痛みを感じていました。ギターを弾くことはもちろん、自力で歩いたり、座ったり、横になることさえつらかった。もちろん、いくつかの病院で検査を受けたのですが、原因はまったくわからなかった。このままこの痛みが続いたらどうなるのだろうか。音楽活動ができるのだろうかと不安でいっぱいでした。とりあえず強烈な鎮痛剤を飲んで、なんとか痛みを押し殺してステージに立ちました」

小山田はこの「ＦＵＪＩ ＲＯＣＫ ＦＥＳＴＩＶＡＬ'22」での復活コンサートを皮切りに同夏、千葉県幕張で行われた「ＳＯＮＩＣＭＡＮＩＡ」にも出演。そして翌年、六年ぶりのオリジナルアルバム「夢中夢 Ｄｒｅａｍ Ｉｎ Ｄｒｅａｍ」を発表し、全国七カ所でのツアーを成功させた。

活動再開にあたって小山田は、次のような声明文を発表している。

〈昨夏より活動を自粛するなか、過去の自分の未熟さを猛省すると共に、これから

©Masanori Naruse

小山田は「FUJI ROCK FESTIVAL'22」でライブ復帰を果たす。

の自分が社会に対してどのように向き合っていくべきか常に考えて参りました。そんな中、応援の声を届けてくださったファンの皆様や、変わらぬサポートを続けてくださった関係者の方々の存在は、とても大きな励みとなりました。心から感謝いたします。

今後の音楽活動において、自分にできる精一杯の仕事でお返しできるよう、努力していきたいと思います〉

肩透かしを食らった復活劇

炎上騒動の直後から、小山田はＳＮＳを見ないようにしていた。事務所スタッフは活動再開に際して、再びバッシングの嵐が吹き荒れるのではないか、相当警戒をして、ＳＮＳの動きを注視していたという。

そして二〇二二年五月二十五日、小山田の「ＦＵＪＩ ＲＯＣＫ ＦＥＳＴＩＶＡＬ'22」への参加が発表された。だが、ＳＮＳはまったくと言っていいほど無風だった。多少、批判のコメントが散見されたものの、あの時の苛烈なバッシングからは、ほど遠いものだった。

あの大炎上からわずか一年で、世間は小山田の活動再開にそれほど興味も、関心も持たなくなっていたのだ。

二〇二一年のあの夏、「障がい者いじめを行った最低の人間だ」「オリンピックの開会式にそんな人間が関わっていていいのか」と、あらゆるバッシングを行った人々はいま、どこへ行ってしまったのだろうか。小山田をバッシングした数十万人、数百万人の声はどこへ消えたのだろうか。自分たちが下した制裁は、妥当だったと思っているのだろうか。

〈いじめというより犯罪で読んでて吐きそうになった〉

「はじめに」で最初に紹介した、炎上の種火となったXの匿名のアカウントも、今は閉鎖されている。

小山田をよく知る友人は、肩透かしを食らったようだと語る。

「本人や事務所関係者は、公には言えないことだと思うのですが、あの炎上騒動はいったい、なんだったのかと思っています。アーティストが表現の場を奪われるのは、極端に言えば、世間から『死ね』と言われているようなものです。理不尽だとすら感じていました。そして、その状態から復帰すると決めた以上、本人も事務所も相応の覚悟をしていた。でも蓋を開けてみたら、まったくの無風状態でした。ただ、それは単に世間のバッシングの矛先が別の人物や事件になっただけ。ターゲットが変わっただけなのかなって」

二〇二一年の日本には、時に死に至る得体の知れないコロナという感染症への恐怖と、一方で、自粛生活を強いられ続けている苛立ちが充満していた。感染爆発からすでに一年以上が経っている。医療従事者たちの労働の過酷さは、想像を絶するものだった。

だが国の威信をかけたイベントであり、大量の税金が投入された「東京2020オリンピック・パラリンピック競技大会」は開催された。海外からも選手団が大勢訪れ、水際対策は有名無実化した。五輪選手団と一般の人たちを分離した「バブル方式」は、どれだけ五輪組織委員会が胸を張ろうとも、ほころびは随所で見られた。そして新規感染者数は開会式前に過去最多を記録した。

それゆえ、国民たちは、やり場のない怒りをネットやSNSで爆発させた。何か少しでも落ち度があると思われた人物が、次々とターゲットとなった。

開・閉会式の演出を担当していた小林賢太郎は、小山田の後に炎上。劇作家として活動しているものの、かつてのように第一線で活躍できているとは言いがたい。

怒りの矛先は、時に東京五輪に出場するアスリートたちにも向けられた。

バーチャルな空間であるはずのネットやSNSにおける炎上は、現実世界と結びつき、簡単に人の人生を狂わせる。痛ましい事件は、今でも後を絶たない。

ジャニーズ事務所（現・SMILE-UP.）創業者、ジャニー喜多川による性加害を告発した、ある元ジャニーズジュニアの男性は苛烈な誹謗中傷に晒され、昨年十月に自ら命を絶った。今年に入っても、テレビドラマの原作漫画家が、SNSでのバッシングに心を痛め、のちに遺体で見つかった事件が起こっている。どちらの事件においても、逮捕者は出ていない。

そして小山田に殺害予告をしてきた人物も、誰だったのか、いまだにわかっていない。

書きっぱなしのメディア

小山田の復帰は、ネットメディアを中心に、報道したメディアはいくつかあった。だがここに至って、ことさら、あの「いじめ」インタビューの詳細を改めて掘り下げる大手メディアはなかった。『毎日新聞』で他メディアに先んじて記事を書いた記者も、記事は書いておらず、自身のXで触れることもしていない。前出の友人はこう憤る。

「多くのメディアは、あれだけ本人を叩いておきながら、あの時もその後も、何が事実で、何が事実ではなかったのか、しっかりと取材をしてこなかった」

たしかに小山田が『ロッキング・オン・ジャパン』と『クイック・ジャパン』で語っていた内容は、普通の感覚であれば、小山田の人格を疑ってしかるべき内容だと言えるだろう。しかし、インタビューを受けた本人が一部であれ、声明文で内容を否定しているのであれば、メディアとしては彼の意見にも耳を傾けるべきではなかったか。さらに『週刊文春』で私が取材した際も、小山田は中学時代に村田君という同級生をロッカーに閉じこめて蹴飛ばしたこと、小学校時代に沢田君に段ボール箱の中で黒板消しの粉をかけたことは認めているが、そのほかの行為については否定していた。

あの後、メディアは、炎上の先にある、雑誌に書かれていること以上の「事実」についてどこまで取材をし、発表しただろうか。残念ながら答えはゼロである。書きっぱなし、報じっぱなしのメディアに罪はないのだろうか。

私は当時の小山田を知る、和光の同級生をかなりの人数取材した。そして、「全裸でグルグル巻にしてウンコ食わせてバックドロップして」という見出しのもととなった事件の、現場に居合わせた二人から証言を得ることができた。本人でさえ誰がその場に居合わせたのか記憶がはっきりしないなか、この二人にたどりつくことができたのは幸運だった。約三十年前の、しかも密室での出来事である。その場に居合わせたと聞いた時、まさかと疑ったが、彼らの記憶に破綻はなく、わからないことは「わからない」と語っており、嘘をついている可能性は低い。二人はそれぞれ、小山田はいじめの加害者ではないと断言した。

いじめの現場に居合わせていながら、止めなかったのは「加担したのと同じだ」という意見もあるだろう。たしかに一定の責任はある。だが、小山田も、居合わせた同級生も、「とても止められる状況ではなかった」と語っている。というのも、この本当の加害者は、同学年ではあるが、実際には一歳年上の先輩だったからだ。しかもこの人物は学校でも素行が悪いことで知られていた人物だった。中学校のスクールカーストにおいて、一歳の年齢差の持つ意味は大きい。その場で止めに入ろうものなら、今度は、自分がいじめのターゲットにされるかもしれない。その先立つ恐怖に足がすくんでも無理はない。私は、この「傍観の罪」だけを根拠とするなら、小山田があのようなすさまじいネットバッシングの標的にされ、すべての仕事を失わなければならなかったほどの理由にはならないと考えている。

また、長年にわたり「障がい者をいじめ続けていた」のかについても、同じく和光の同級生にたびたび話を聞いた。だがそれについて知っている、聞いたことがあるという同級生は見つけられなかった。一方、高校生になって小山田が小学生時代の友人沢田君と仲良くしていることを覚えている同級生は複数いたのである。

小山田は声明文の中で、当時をこう振り返っている。

〈小学生の頃、転校生としてやってきた彼に対し、子どもの頃の自分やクラスメイトは、彼に障がいがあるということすら理解できておらず、それ故に遠慮のない好奇心をぶつけていたと思います。今にして思えば、小学生時代に自分たちが行ってしまった、ダンボール箱の中で黒板消しの粉をかけるなどの行為は、日常の遊びという範疇を超えて、いじめ加害になっていたと認識しています〉

もちろん、ここで語られている行為は「いじめ」ではある。場合によっては、より悪質ないじめに発展する可能性もあったかもしれない。だが小山田と沢田君は、そうはならなかった。だから後に高校生になってから、二人は良好な関係を築くことができたのだろう。

ネットには小山田がいじめをしていたことを唱える記事は散見される。しかし、いずれも「匿名」なうえに、その内容は「伝聞」ばかりの曖昧なものだ。直接、いじめの現場を見聞きしたという一次情報は、現在のところ確認できていない。

当事者たちの責任と悔恨

いまなおわからないのは、『ロッキング・オン・ジャパン』や『クイック・ジャパン』の記述が、どこまで小山田が当時本当に語ったものかということだ。言い換えれば、どの程度、雑誌のライター、編集者の手が入っているのか、ということでもある。小山田は私の取材時に、「録音したテープがあるなら確認したい」と、後悔を口にしたこともあったが、それは編集部にしかわからない。二〇二一年八月、高橋たちが山崎と面会した際、山崎は録音は「ない」と言っている。

『クイック・ジャパン』のライター・村上清は太田出版のHPに発表した謝罪文の中で〈現場での小山田さんの語り口は、自慢や武勇伝などとは程遠いものでした〉と記している。当時の『ロッキング・オン・ジャパン』の編集長だった山崎洋一郎は、HPでも多くを語らず、私からの取材にも応じていない。

もちろん小山田にも非は多い。それを前提として、山崎が本件に関して詳細を語っていないことに関しては、二つの点で責任を放棄しているのではないだろうか。

ひとつは、記事を書いたライターとしての文責である。あのインタビューは山崎の署名記事だ。取材を受けた小山田が「事実と違う部分がある」と公表している以上、早急に山崎は小山田の主張を受け止めて、なんらかの対応を取るのが普通であろう。

もうひとつは、インタビューを掲載した編集長として、取材対象者を守るべきだったのではないかということだ。あの号は『ロッキング・オン・ジャパン』がリニューアルした最初の号であった。その号の取材に協力してくれた小山田に対して、山崎の対応は「責任逃れ」という指摘を受けても仕方のないものではないだろうか。一方で山崎は、騒動の際にほぼ無言を貫いたことで、小山田と比べてバッシングを受けることは比較的少なかった。いまやロッキング・オンの代表取締役社長だ。

取材を始めた頃、私は小山田に、こう詰め寄ったことがあった。

「もし、あのインタビューの内容が事実と違うのであれば、今からでも遅くはないです。なぜ山崎さんに訂正を申し込まないのですか」

というのも、炎上の果てに小山田だけが社会的制裁を受け、自分自身の罪として反省し続ける姿を、身近で支える家族や友人らは釈然としない思いで見守っていたからだ。なぜ怒りを露わにしないのか――。しかし、結局、小山田は「自分のせいで、巻き込んでしまい申し訳ないと思っている」と口にして、こう続けるのである。「私が露悪的な語り口でインタビューに答えてしまったのは事実ですし、それを長年放置してきたのも自分なんです。だから誰かが悪いのではなく、自分が一番悪いのだと思います」

じつは私は、小山田の復帰ライブとなった「FUJI ROCK FESTIVAL'22」に山崎が参加するという情報を入手し、現場でその姿を捉えようと待っていた。そして関係者専用の入り口付近で、一瞬だが彼に声をかけた。本人が気づいたのかどうかはわからない。彼はそのままホテルへと消えていった。結局、山崎には直接、会うことは叶わなかった。

大炎上騒動以降、初めて小山田がステージに復活する日、山崎がFUJI ROCKにいたことは間違いない。彼は小山田の復帰するステージを見たのだろうか。見たとすれば何を思ったのだろうか。

取材の過程では、事務所の対応の甘さも浮き彫りになった。雑誌記事が出て以降、炎上を回避できるチャンスは何度かあった。

『デザインあ』の仕事を始め、ＮＨＫに視聴者から指摘があった時がその最大の機会だった。だがここで公にすることはなく、その後、弁護士から「放置するべきでない」と言われた時も、世の中への説明は見送られた。

危機管理という点で、事務所の対応がお粗末だったのではないかと、マネージャーの高橋に指摘すると、こう語った。

「そもそも商業主義の音楽業界には背を向けて、小山田が音楽に集中できるように環境を整えるのがうちの事務所の役割でした。その意味ではデビュー後、自由に仕事ができていたのは事実です。ただ一方で、これまで小山田には大きなスキャンダルがありませんでしたので、メディアに自宅を囲まれたり、著作権の扱い以外で弁護士に相談したりする案件がなかったのです。だから事務所の対応が甘かったというのはそのとおりです。もっと早い段階でいじめインタビューの件は、小山田に指摘ができればよかった。場合によっては小山田と意見が食い違っても、『公表すべきことは公表すべきだ』と譲らなければよかった。後悔しかありません」

そう語った後、これまでにない厳しい表情で高橋は続けた。

「今回の炎上騒動を通じて、小山田が当時、何をしたのか。何をしていないのかに

スタッフサイドから見た「FUJI ROCK FESTIVAL'22」
での小山田のライブフィナーレ。

ついて、事実を表明させていただきました。本人は今でも『すべて自分が悪い』と思っているようですが、今後は、憶測にもとづいた一方的な言いがかりについては、事務所として本人を説得してでも、厳正に対処しようと考えています」

高橋が率直に語ったとおり、事務所の脇が甘かったのはたしかだろう。けれども、そういった事務所だったからこそ、小山田が自分の音楽を追求することができたという面もある。事務所の体質は、アーティスト小山田の人柄を、反映したものでもあるのではないだろうか。

もし、あの夏をやり直せるなら

二〇二四年四月、この本をまとめるにあたって、私は改めて小山田に会いにいった。世田谷区の事務所で向き合った彼は、相変わらず礼儀正しく、穏やかな表情で迎え入れてくれた。

あの夏、炎上騒動で小山田はテレビ、ラジオなどの仕事をすべて失った。その後、自分の音楽を作ることに専念することになった。再び「曲を作りたい」と思うまでには、あの騒動から半年以上はかかったという。それは二〇二三年、アルバムという形で結実した。

「いままでずっと一緒に仕事をやってきた人たちは、騒動後も何も変わらず接してくれます。仲間のミュージシャンたちはありがたいことに、本当に何も変わらないです」

メディアでの仕事も再開しつつある。エフエム京都でやっていたラジオ番組『FLAG RADIO』は、騒動で一度はなくなったものの、今年四月から隔月レギュラーで出演している。ドラマ『サ道』（テレビ東京系）の主題歌だった『サウナ好きすぎ』は、昨年末の特番で使われた。テレビCMの仕事のオファーはまだないが、ネットのCMの仕事の依頼はあるという。

「炎上で止まっていた仕事も、三年が経って、徐々にようやく復活してきたという印象ですね」

今年の夏にはフランス・パリで五輪が開催される。小山田は三年前のあの五輪の夏の炎上をいま、どう捉えているのか。

「たぶん僕の件が国内での最初の大きな爆発だったと思うんですよ。あの年は、東京オリンピックとか新型コロナの蔓延とかがあって、日本社会全体にストレスが溜まっていた。そういった鬱憤が、たまたま僕の過去の記事をきっかけにして、すごい大きな爆発になったという、そういうことなんだろうなというふうに思っています。もちろん当時は嫌だったし、理不尽なことだとも思いました。でもいまはわりと客観的に見られるようになってきていますね」

開会式の楽曲制作について、「やらなければよかったと思いますか?」と聞くと、笑いながら「やらなきゃよかったと思ってますよ」としながらも、こう語った。

「組織委員会の人が会いにきて『音楽を作ってください』と言われていたら、そもそも引き受けていないんですよ、きっと。でも、自分の音楽仲間が開会式をやっていたから、彼らが困っていたから、じゃあやろうかとなった。もし、あの夏をやり直せるとしても、また仲間が困っていたら、たぶん引き受けると思います」

では、山崎については、いまはどう考えているのか。これまで小山田は「自分のせいで巻き込んでしまって申し訳ないと思っている」と繰り返し語ってきた。

だが私は、原稿を書き進めるうちに、小山田の本心は別にあるのではないかと思うようになっていた。フリッパーズ・ギターの頃から、山崎は小山田の音楽性を理解し、デビュー後も作品が売れるようにと雑誌の表紙に起用するなど、後押ししてきた。いわば恩人のひとりでもある。その恩義がある以上、小山田は山崎を悪く言わないのではないか。彼をかばい続けているのではないだろうか、と。

そこでこの推測を小山田にぶつけてみた。すると本人からは、意外な言葉が返ってきた。

「そこまで山崎さんが、自分の音楽を理解してくれていたとは正直、思っていませんでした。連絡先も知らないぐらいですし……本人と最後に話をしたのは、二〇一七年だったかな。ライブ会場の、人がたくさんいる楽屋で会った。『よかったよ』と言ってくれて、それはそれでうれしかったけれど、いつもその程度。じっくりと話をしたことは、二十年以上ないんですよ」

そう言った後、珍しく語気を強めて、こう続けた。

「彼を憎んでいるとか、そういった気持ちは、いまもあいかわらずないですよ。ただ、騒動後の対応を見ていると、『山崎さん、それはないよー』とは、思ったりもします。『クイック・ジャパン』の村上さんは、記事の説明をホームページでしてくれていましたしね。それと比べると、それはないですよ、と」

二〇二一年十二月三十一日、東京五輪が開催された年の大晦日、「2021 SUPER DOMMUNE YEAR END DISCUSSION 小山田圭吾氏と出来事の真相」と銘打たれたイベントが開催された。このイベントは、アーティストである宇川直宏が二〇一〇年に開局した、日本初のライブストリーミングスタジオで収録、配信された。

番組では小山田をめぐる炎上騒動に関して、音楽家、ジャーナリスト、精神科医、弁護士などが、それぞれの専門分野からコメントしていった。東京五輪開会式の作曲担当辞任にまつわる様々な出来事についての検証・総括が行われ、炎上騒動が意味する「危うさ」に警鐘を鳴らした。小山田を二十五年前から知っているという発起人の宇川は、このイベントを企画した意図を、ホームページでこう綴っている。

「小山田圭吾氏は部分的に加害者でもあったが、同時に被害者でもあるのだ。このことの原因となっているポストトゥルースについては、事実を知るものが必ず訂正せねばならない。このアクションを防衛的帰属と斬るならばそれまでだが、起因となったインタビューが掲載された雑誌をとりまく当時の環境をあぶり出しながら総括し、純粋に小山田氏のその後の25年の活動と現在を伝える必要がある」

私もこの番組に出演者のひとりとして呼ばれた。

番組は三部構成で、私の出演パートは第二部。打ち合わせはいっさいなし。当日まで誰と対談するかも正確には聞かされていなかった。顔合わせもそこそこに「じゃあ、やりましょうか」と声がかかり、あれよあれよという間にマイクを握らされカメラの前へ。登壇者は私以外に二人いた。ヒップホップミュージシャン・高木完とライター兼編集者の北沢夏音。二人ともフリッパーズ・ギター時代から小山田と交流があり、世に言う「渋谷系」の黎明期を知る音楽業界の有名人だった。

登壇者の多くは小山田と古くから付き合いがある友人、もしくは、ミュージシャン小山田のファンだった。騒動が起こるまで、コーネリアスを一度も聴いたことがなかった私は、やや肩身が狭い思いをした。収録は二時間に及び、番組は延べ、十六万の人々が視聴したという。

小山田と話している時、この番組の話題になったことがあった。私が「あのイベントをご覧になって、どう思いましたか?」と尋ねると、ポツリと印象的な言葉が返ってきた。

「自分のお葬式を見ているようでした」

この「自分のお葬式」という言葉に、この騒動の本質が凝縮されているような気がした。炎上は当事者を「死」に至らしめるのだ。

取材で明らかになったように、小山田は多少なりとも同級生へのいじめに加わったこともあり、「加害者」のひとりであることは否めない。その一方で、小山田はあの夏、リテラシーとモラルを見失った「私たち」が作り出した、炎上の「被害者」でもあると言えるだろう。一度、巻き起こった炎は、小山田や彼を擁護している人々でさえ、見境なく次々と襲っていった。そこに巻き込まれるかもしれない恐ろしさを、いじめの現場に居合わせた同級生のひとりはこう振り返った。

「あの炎上の中で、真実はこうですと、名乗りを上げるなんて、とてもできなかった。小山田君には申し訳ない気持ちだったが、かばう勇気はなかった」

繰り返しになるが、三年間の取材の中で「小山田が障がい者をいじめていた」という話を裏付ける証言者には、一度も出くわすことはなかった。ネット上には今でもそうした行動を想起させる書き込みが残されているが、それらはすべて「匿名」で、証言として取り上げるに値しないものばかりだ。

彼だけではない。これまでネット上では幾度となく、著名人が炎上し、表舞台から姿を消した。なかには、いわれのない罪を着せられた人たちもいた。悲劇的な結末を迎えた事例もひとつや二つではない。

小山田は「いまはまだ、ネットを通じたコミュニケーションについて、世界中が学習している途中なのだと思います」と語る。

「あの夏の僕の騒動だけでなく、それ以降も本当に毎月のように炎上って起こっているじゃないですか。本当に炎上は何度も繰り返し起こっていて、なかには痛ましい事件に発展してしまったこともありました。ただ一方で、炎上の背景・理由について、客観的にしっかりと検証するメディアも、なかには出てきてはいる。そういったことが積み重なっていくことで、今後、『炎上ってやっぱり何かおかしいよね』という社会的なコンセンサスが、徐々に構築されていくのではないでしょうか」

私はこれまで日本の音楽シーンにまったく無頓着な人生を送ってきた。そんな私が仕事とはいえ、あるひとりのミュージシャンについて四六時中考え、調べることになるとはつゆほども想像できなかった。

きっかけは私自身が、本書にも登場する「ブギーバック・マンション」の、しかも小沢健二が暮らしていたその部屋に、偶然、事務所を構えていたからだ。そこは四〇平米ほどのワンルームで、屋上からは東京の高層ビル群を一望することができた。そして偶然にも、このマンションには和光の卒業生も暮らしていたのだ。

私は小山田が炎上した時、「障がい者をいじめていたミュージシャン」と聞いて、いったいどんな悪人なのかと想像した。そして、その悪人がいったい、どんな人物なのか、話を聞いてみたいと思った。そこで同じマンションの和光の卒業生に連絡を取り、事情を説明した。

「小山田君の中学時代、高校時代の同級生ね。ちょっと待って、すぐに調べてみる」

話はトントン拍子で進み、翌日には小山田の中学・高校時代の同級生にコンタクトすることができた。そこで強く印象に残ったのが、

「圭吾ってそんなキャラだっけ?」

という言葉だった。

当時からファンの間では、「小山田君の汚名をそそぎたい」と、独自の検証をはじめる人々もいた。「DOMMUNE」に出演した多くの参加者もそういった思いがあったかもしれない。だが、私はあいにく、そうしたファンの心理とはまったく無縁の人間だった。彼らの気持ちもわからないでもないが、私は小山田を擁護しようと思ったことは一度もない。

私を突き動かした原動力は、SNS上にあふれていた「障がい者をいじめた悪人」としての小山田と、この時に同級生が語った小山田像とが、あまりにもかけ離れていたからだった。そしてその違和感、ギャップの正体を突き止めるため、本格的に

取材を始めることにしたのだ。

取材、執筆にあたり、すべての方のお名前をあげることはできないが、多くの音楽関係者、五輪関係者、和光学園卒業生、フリッパーズ・ギター時代からのファン各位にご協力をいただいた。この場を借りてお礼を申し上げたい。また、最初の『週刊文春』でのインタビュー時から単行本執筆までの間、編集を担当していただいた文藝春秋の柳原真史さん、書籍化の労を執っていただいた薗部真一さんのご助力がなければ、本書は実現しなかった。

異様な熱気に包まれたあの夏から、早くも三年が経過しようとしている。そして、この本が書店に並ぶ頃には、フランスでパリ五輪が開催される。

それにしても、三年前に吹き荒れた炎上の「炎」はどこへ消えてしまったのだろうか。どんな事情があれ、他人に精神的・身体的な苦痛やストレスを与える「いじめ」行為は犯罪である。これについてはまぎれもなく論を俟たない。ただ、ここまで挙げてきたように、そのバッシングの論拠となった「いじめ」の裏にはいくつもの「嘘」があり、その事実が揺らいでいる。あの時、小山田にバッシングの矛先を向けた人々もまた、ネットという壮大な社会装置を使った「いじめ」に加担したことに他ならないのではないか。

私は小山田圭吾をとりまく五輪炎上の「嘘」について、今も考え続けている。

中原一歩（なかはら・いっぽ）
ノンフィクションライター。1977年佐賀県生まれ。著書に『最後の職人 池波正太郎が愛した近藤文夫』（講談社）、『小林カツ代伝 私が死んでもレシピは残る』（文春文庫）、『マグロの最高峰』（NHK出版新書）、『「𠮷寿司」のすべて。』（プレジデント社）、『寄せ場のグルメ』（潮出版社）他多数。

小《お》山《やま》田《だ》圭《けい》吾《ご》 炎《えん》上《じょう》の「嘘《うそ》」

東《とう》京《きょう》五《ご》輪《りん》騒《そう》動《どう》の知《し》られざる真《しん》相《そう》

2024年7月30日 第1刷発行
2024年8月15日 第2刷発行

著者 中原一歩《なかはらいっぽ》
発行者 大松芳男
発行所 株式会社 文藝春秋
〒102-8008
東京都千代田区紀尾井町3-23
電話 03-3265-1211（代表）

印刷・製本 光邦

万一、落丁・乱丁の場合は送料当方負担でお取替します。
小社製作部宛にお送りください。
定価はカバーに表示してあります。

ISBN978-4-16-391877-8